シリーズ
世界の宗教
WORLD RELIGIONS

ユダヤ教

JUDAISM Revised Edition

改訂新版

M・モリスン＋S・F・ブラウン
秦剛平 訳

青土社

ユダヤ教　改訂新版　目次

序文

1　現代のユダヤ世界　11

呼称について　13　ユダヤ教の基本的信条　16
ディアスポラのユダヤ人と他の共同体との関係　23　今日のユダヤ教とユダヤ人　26

2　ユダヤ民族とユダヤ教の初期の歴史　29

資料　30　祖先と言語　31　太祖　34　出エジプトから征服へ　36　士師時代　47
統一王国　49　分裂王国　56　捕囚　67

3　再興から現代まで　71

再興――ペルシア時代　73　ヘレニズム時代　76　ローマ時代　79
ラビのユダヤ教から近代まで（六四〇―一四九二年）　83
一四九二年から啓蒙主義時代（一七八九年）まで　90
啓蒙主義時代から第一次世界大戦まで（一七八九―一九一四年）　94
第一次世界大戦から現在まで　97

4　ヘブル語聖書　105
神の啓示としての聖書　107　聖なる物語を語る諸書　111　「法」（トーラー）　112
「預言者」（ネビイーム）　123　「諸書」（ケトゥビーム）　127　文学としての聖書　129

5　ユダヤ教の諸宗派と信仰箇条　131
ラビのユダヤ教の影響　133　スファラディ系のユダヤ教　135
アシュケナージ系のユダヤ教　137　改革派ユダヤ教　138
今日の改革派ユダヤ教　142　改革派ユダヤ教の取り入れた変革　143
挑戦に立ち向かう改革派ユダヤ教　144　正統派ユダヤ教　145
今日の正統派ユダヤ教　149　ハシディーム　150　保守派ユダヤ教　152
保守派ユダヤ教の指針哲学　152　保守派ユダヤ教の実践　153
挑戦を受ける保守派ユダヤ教　153　アメリカの他のユダヤ教　154

6　通過儀礼　157
割礼　158　バール・ミツヴァとバット・ミツヴァ　163　結婚　166
死と服喪　175

7 ユダヤ教の影響 179

宗教上の貢献 180 文化的影響 184 芸術 184 哲学と神学 186 教育 189
科学と医学 191 文学 193 映画と芝居 196 音楽 198

8 現代のユダヤ教 201

宗教的な衝突と解決の試み 202 ホロコーストとその記憶 205
イスラエルの国家 207 アメリカにおけるユダヤ教への脅威 210 エピローグ 211

訳者あとがきに代えて――ユダヤ史、ユダヤ教史などを知るための日本語書物 213

用語解説 vi

索引 i

ユダヤ教

改訂新版

Photo credits:
14-5 Lawrence Migdale/Getty Image; 32-3 Chase Swift/© CORBIS: 43 North Wind Picture Archives; 45 Marburg/Art Resource, New York; 51 North Wind Picture Archives; 63 Israel Air Force; 74-5 Clemens Kalischer/Image Photos; 87 Clemens Kalischer/Image Photos; 99 Byron Rollins/AP Wide World Photos; 108-9 Paul A. Souders; 117 North Wind Picture Archives; 127 Bettman/© CORBIS; 134-5 Bettman/© CORBIS; 160-1 Clemens Kalischer/Image Photos; 165 Clemens Kalischer/Image Photos; 169 Clemens Kalischer/Image Photos; 184-5 Farrell Grehan/© CORBIS; 193 AP Wide World Photos; 197 Clemens Kalischer/Image Photos; 206 Clemens Kalischer/Image Photos.

序文

われわれは、「世俗の時代」として記述される時代に生きている。それは宗教が大半の人にとってとくに重要な事柄でないことを意味する。しかし、これが正しくないことを示唆する証拠も多い。合衆国を含む多くの社会で、宗教や宗教的価値が何百万という人びとの生活を形づくり、政治や文化においても重要な役割をはたしている。

この「シリーズ世界の宗教」は、学生と一般読者向けに編まれたものである。シリーズの各巻は、わたしたちの時代の主要な宗教的伝統や習慣について、だれにでもわかる明確な文章で解説する。その宗教が実践されている地域や、起源と歴史、その中心的な信条や重要な儀式、世界の文明にはたした貢献などを述べる。注意深く吟味された図版は本文を補い、用語解説や文献一覧は、主題をより深く理解しようとする読者の一助になるであろう。

世界史のなかで、宗教的習慣と宗教性は、つねに中心的な役割をはたしてきた。本シリーズの諸巻は、宗教とは何であるかを明らかにし、今日の世界で実践されているさまざまな偉大な宗教の伝統にみられる類似性と相違を明らかにするであろう。

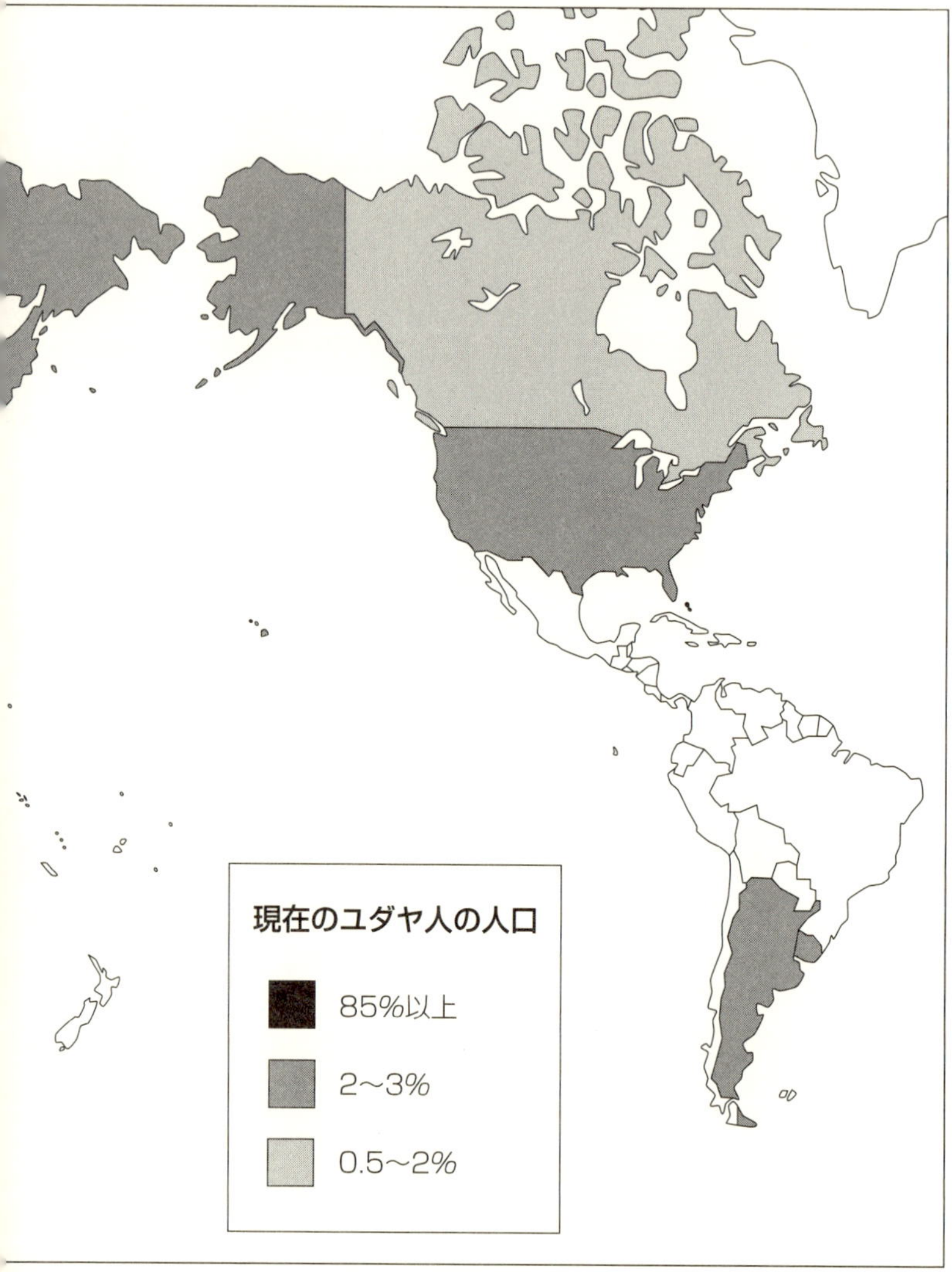
現在のユダヤ人の人口
85%以上
2〜3%
0.5〜2%

1　現代のユダヤ世界

ユダヤ教は世界でもっとも長く続いてきた宗教的伝統の一つであり、その実践者はユダヤ教徒として知られている。この敬意を払われている宗教は、三五〇〇年くらい前に、すなわち紀元前一五〇〇年頃に中近東で興った。それは唯一神宗教の中で、すなわちその実践者が唯一真なる神を信じる宗教の中で、多分、最古の宗教である。

ユダヤ教は、その信徒数こそつねに比較的少数であったが、西欧文明や中近東の文明の展開にきわめて重要な役割を果たしてきた。キリスト教はユダヤ教の基盤の上に立てられ、もう一つの偉大な唯一の伝統であるイスラームも、ユダヤ教の影響を受けた。ユダヤ人は、文化のあらゆる領域において、大きな業績をあげてきた。彼らは途方もなく大きな困難の中でこれらの貢献をなしてきたが、それを知ることは重要である。彼らの歴史はしばしば、敵対的な世界における生存のための闘争だった。その信仰、その慣習、そのアイデンティティを守り抜いてきたからこそ彼らは今日まで生きながらえることができたのである。

呼称について

ユダヤ教にしたがう者たちを示す呼称がいくつかある。それはしばしば同じように使われているが、異なる意味をもつ。「ヘブルびと」（Hebrew）、「イスラエルびと」（Israelite）、「ユダヤ人」（Jew）という呼称は、いや「イスラエル人」（Israeli）という呼称さえも、ユダヤ教の歴史における異なる時期の人びとの集団を指す。

ヘブルびととは、ヤハウェ（英語ではJehovah）を自分たちの一なる神として受け入れたさまざまな部族の成員である。「ヘブル」という用語は、通常、最古の時代から前二〇〇〇年紀の終わり頃までのユダヤ人を指すのに使用される。前二〇〇〇年紀の終わり頃、ヘブルびとはカナンの土地を征服し、そこに定住した。創世記一〇章によれば、エベルがヘブルびとの先祖であるといわれている。しかし、証拠によれば、人名「エベル」と用語「ヘブル」は何の関係もない。古代中近東の他の資料は、「ハビル」と呼ばれている民族に言及するが、おそらくそれが「ヘブル」の語源であろう。この二つの語は、「よそ者」とか「流浪者」を意味したと考えられる。

「イスラエルびと」という呼称は、二つの集団を指す。一般的に、イスラエルびとは、前一〇二五年頃に、古代イスラエルの部族連合を形成したヘブルびとの子孫である。彼らには、多分、他の民族の者も加わっていたであろう。この呼称はまた、前九二二年頃から七二二年までつづいたイスラエルの北王国の住民を指しても使われる。イスラエルに住んでいた民族はすべてヘブルびとと関係

バール・ミツヴァ、バット・ミツヴァの準備をする子供たち。

しているので、また互いに関係しあっているので、彼らはみな一つの民族的集団であったと見なされている。イスラエルの北王国の諸部族は国家を形成したので、一つの国家的集団であったとも見なされている。

「ユダヤ人」(Jew)という呼称は、イェフダ、すなわちユダに由来する。ユダ――前九二二年頃から五八六年まで存続したイスラエルの南国王――の王国名は、イスラエルの人びとを形成した多くの部族の一つにちなむものであり、それはやがて宗教国家になった。この国名は、ラテン語「ユーダエア」(Judaea)である。「ユダヤ人」(Jew)は、「ユーダエアの住民」を意味するラテン語「ユーダエウス」(Judaeus)に由来する。紀元後七〇年以降、ユーダエアの人びとは、世界の各地に散らされたが、彼らは「ユーダエウス」という呼称――それは短縮されて「ユダヤ人」(Jew)となった――を保持した。彼らの宗教的・文化的習慣はユダヤ的生き方として知られるようになった。

今日、「ユダヤ人」(Jew)という呼称は、宗教的集団や文化的集団の一員を指してより幅広い仕方で用いられている。民族的集団や国家的集団を指してではない。ユダヤ教の実践者はユダヤ人である。ユダヤ的背景がありユダヤ文化にあずかる者もユダヤ人である。伝統的なユダヤ法によれば、ユダヤ人とは、母親がユダヤ人である者か、ラビの指導のもとにユダヤ教に改宗した者である。

ユダヤ人は世界の多くの国々で見いだされる。ユダヤ人が最も多く住んでいるのは、アメリカ、イスラエル、それにヨーロッパの多くの国々である。「イスラエル人」(Israelis)は、現代のイスラエル国家の市民である。全てのイスラエル人がユダヤ教を実践するユダヤ人ではないが、イスラエルの法によれば、全てのユダヤ人はイスラエル人になる資格がある。

ユダヤ教の基本的信条

他のすべての宗教と同じく、ユダヤ教も、その始まり以来、多くの変化を受けてきた。組織宗教として発達したユダヤ教は、ユダヤ人が古代のバビロニア人によって支配されていた、二六〇〇年前のバビロン捕囚と呼ばれる時期に生まれた。今日、ユダヤ教にはさまざまな宗派が存在する。ユダヤ教の諸宗派は、ある側面で異なってはいるが、どの派も基本的信条や、原理、教え、真理を共有する。ユダヤ教の第一の信条によれば、唯一の普遍的な神が存在し、その神はユダヤ人だけの神ではなく、すべての民族や国家の神である。この神は世界の創造主ヤハウェである。この神は永遠で、完全で、全知で、聖なる実在で、いかなる身体的な形ももたない、と信じられている。ヤハウェは自然と歴史を支配し、人間の理解を超える存在であるとされる。出エジプト記では、ヤハウェは、憐れみ深いが、道徳的・倫理的行為のためにもうけたご自身の基準が破られると、大きな怒りを投げつける義なる神として記述されている。

ユダヤ教の第二の信条によれば、ユダヤ人は、神の「法」(the Law)を受けるために、神によってとくに選ばれた者である。ユダヤ人は、この信条の事例を神と人類の間で結ばれた契約の中に見る。最初の契約は、カナンの「約束の地」に住む大いなる国民の父にするために、神がアブラハムを選んだことである。

主はアブラハムに言われた。
「あなたは生まれ故郷
父の家を離れて
わたしが示す地に行きなさい。
わたしはあなたを大いなる国民にし
あなたを祝福し、あなたの名を高める
祝福の源になるように。
あなたを祝福する人をわたしは祝福し
あなたを呪う人をわたしは呪う。
地上の氏族はすべて
あなたによって祝福に入る。」

（創世記一二・一―三。新共同訳）

聖書は、神がご自身の民を救済された多くの出来事を記しているが、それは、ご自身の民への愛を示し、アブラハムとのこの最初の契約を履行するためだった。ユダヤ人にとってもっとも重要な契約は、後になってシナイ山でモーセを介して神によって告げられた。その場所で「十戒」を含む「法」がヘブルびとに与えられたのである。このモーセの法は、神に選ばれた者たちに、神がモーセを介して啓示した諸種の法にしたがって生きることを要求した。

「法」はトーラーの中で保持されている。そのトーラーは、聖書の最初の五つの書から成り立つ。ユダヤ教の諸宗派の「法」解釈の仕方は異なるが、どの派も、「法」がユダヤ人の生活の中心であると理解する。それは本質的には倫理体系であり、「何よりも神を愛しなさい」と「汝自身を愛するように汝の隣人を愛しなさい」を基本的戒めとする。「法」の道徳的・倫理的教えは、他者を人間らしく扱うことや、家族への心遣い、病人や貧しい者、年長者への親切、若者の教育などを要求する。ヤハウェは、宇宙の審判者として、ご自身の「法」にしたがう者に報い、そうでないものを罰せられる。

ユダヤ教の伝承によれば、預言者はかつてヤハウェと民の間の仲保者として働いた。その預言者とは、モーセ、サムエル、アモス、イザヤ、エレミヤ、エゼキエルらである。イスラエルの古代国家において、祭司は土地の宗教的祭儀を監督した。祭司は人びとが神に祈るよう導き、「法」にしたがうよう手助けした。現代のユダヤ教においては、それを介して人びとが神と交わる祭司集団は存在しない。個人は直接神に祈る。現代のユダヤ教の指導者はラビである。彼らは「法」に精通している。彼らは「法」を学び、解釈し、それを人びとに説明する責任をになう。

シナゴークはユダヤ人の宗教や、教育、社会生活の中心である。「シナゴーク」という言葉は「集まり」を意味するギリシア語シュナゴーゲーに由来するが、実際、シナゴークはユダヤ人の集う場所である。シナゴークでの共同の祈りは、ラビと朗誦者（カントル）によって先導される。シナゴークの生活でとくに重要なのは、シャバット（安息日）の典礼と聖なる日の典礼である。ユダヤ人の暦でもっとも重要な日は、ヨム・キプール（贖罪日）、ロッシ・ハシャナー（新年）、天幕祭、プリム祭、それに過越《すぎこし》の祭である。ユダヤ人は、これらの日に、歴史的な出来事やその他の重要な機会を想起するため特別な伝統を守る。これらの祝祭日の大半は、家庭で守られる典礼と伝統的な食事に費やされる。このような形式の儀式や祝い事こそは、ユダヤ教を積極的に支える家族を重んじていることを示している。

　ユダヤ人の伝統的な信仰によれば、一人のメシア（救済者）がユダヤ人の国家を興すために現れる。そのときメシアは、その主権を受け入れて「法」にしたがった者に報い、そうでなかった者を罰せられる。メシアは完全なる世界を支配する。この世界では、神に忠実なユダヤ人が、契約の民として、暗闇を照らす「光」となり、他の民族は、その光を介して、神を知り、神の正義を学ぶ。ユダヤ人の信仰によれば、イスラエルはメシア的国家、すなわちメシアに導かれた国家になろう。メシアは全世界をアブラハムの神の礼拝に導くであろう。その市民は「法」を厳守し、完全に正義の支配する国家をつくるであろう。イスラエルはそのような国家として、世界の国々の範となるであろう。ユダヤ教の一部の派は、イスラエルの神権政治的な国家、あるいは宗教的に支配される国

プリム（くじの祭）
古代ペルシア在住のユダヤ人が、彼らを絶滅しようとした陰謀から救われたことを記念する祭。エステル記にもとづく。
アダルの月の14日（2〜3月）

ペサー（過越の祭）
イスラエルびとの出エジプトを記念する祭。その晩餐（セデルと呼ばれる）では、アッガダーとして知られる書物から、出エジプトの物語が語られる。
ニッサンの月の15〜22日（3〜4月）

ヨム・ハショアー（ホロコースト犠牲者の追悼日）
ヒトラーとナチ体制の下で犠牲になった600万のユダヤ人を追悼する。
ニッサンの月の27日（5月）

ヨム・ハアツマウート（イスラエル国家の独立記念日）
イヤルの月の５日（4〜5月）

シャヴオート（七週の祭）
シナイ山でトーラーが授与されたことと、最初の果実の収穫を祝う祭。
シヴァンの月の6〜7日（5〜6月）

ティシャ・ベアブ（アブの月の第９日）
エルサレムの第一神殿の破壊や、ユダヤ史の他の悲劇を覚え断食する日。
アブの月の９日（7〜8月）

■ユダヤ暦（現代のユダヤ暦は太陰暦であると同時に太陽暦である。月は太陰暦によって、年は太陽暦によって数えられる。）

■ユダヤ人の祝祭日（すべての祝祭術とシャバットは、日没時にはじまる。）

ロッシ・ハシャナー（ユダヤ暦の新年）
10日間の悔い改めの日々を守る。そしてそれはヨム・キプール（贖罪の日）で終る。
ティシュリの月の1〜10日（9〜10月）

スコット（天幕祭）
イスラエルびとが荒野で天幕の中で生活したことを覚える日。天幕がはられる。
ティシュリの月の15〜21日（9〜10月）

シェミニ・アツェレット（集会の第８日）
天幕をたたむ最後の日で、次の１年の収穫を祈願。
ティシュリの月の22日（9〜10月）

シムハット・トーラー（トーラーの喜び）
トーラーを朗読するサイクルが終わったことを記念する喜びの日。トーラーの最初の第一書を再び読みはじめる。
ティシュリの月の23日（9〜10月）

ハヌカー（光の祭）
前165年のシリアの圧政から解放されたことを記念する８日間の祝い。
キスレヴの月の25日〜テベテの月の３日（12月）

トゥ・ベシェヴァット（植樹祭）
春の到来を祝う楽しい祭の日。
シェヴァットの月の15日（1〜2月）

家の頭《かしら》としてのメシアを信じてはいない。彼らはどちらかと言えば、メシアが民を鼓舞する指導者として諸国民に平和と愛をもたらすと信じている。

そのより大きな倫理的関心とともに、「法」はまた、それを遵守するユダヤ人に、一定の食事規定にしたがい、シャバットを守ることを要求する。「法」を厳守すれば、口にできるのはコシェー（「適正な」の意）食品だけである。この食品規定にかなう肉類は、ひづめの割れた反芻動物のそれであり、魚類はエラやウロコのあるものに限られる。これらの食肉を提供する動物や魚類は、ラビの特別な儀式にしたがって屠殺され、処理される。乳（または乳製品）と肉（または肉製品）との食べ合わせはできない。過越の祭の食事には、特別なコシェー料理が用意される。コシェーの規定にしたがうユダヤ人の家庭には、肉類や、乳製品、過越の祭の食事を盛る皿や食器がそれぞれ別に用意されている。

ユダヤ人はシャバットを守るが、それは、世界の創造後、神が休まれたことを想起するためである。この日、宗教的伝統を実践するユダヤ人は、祈りと学びに専心し、いかなる「労働」もしない。明らかに「労働」とわかるものには、仕事、車の運転、旅行などがあるが、これ以外の「労働」も、それがどんなに小さなものであっても、たとえばマッチをすったり、電気のスイッチを入れたり、食事の準備をしたりすることなども禁止される。

ただし、今日では、伝統を非常に重んじるユダヤ人だけが食事規定の細則やシャバットの細則にしたがっている。現代のユダヤ教のある宗教は、「法」を再解釈してこれらの規定を緩和する。これらの規定をまったく守らないユダヤ人もいる。

ディアスポラのユダヤ人と他の共同体との関係

「わたしは外国の土地の寄留者である。」モーセがこう言ったのは、エジプトとその地のヘブルびとの共同体を追われ、カナンの南のミデヤンの地にいたときである。彼のこの言葉は、もっとも早い時期の時代から現代までつづくユダヤ人の状況を的確に語っている。祖国から分断された異教の地での生活。これはユダヤ人の歴史の中心的テーマである。最初アブラハムとその家族が、彼らのものではない土地を彷徨した。ついでヘブルびとがエジプトで奴隷の境遇に置かれた。イスラエルの北王国の民は前七二一年にアッシリア人によって連れ去られ、そして歴史から消えた。ユダの南王国が前五八六年に滅んだ後、多くのユダヤ人がバビロンに連れて行かれ、他の者はエジプトやその他の地に逃げた。前五三八年とそれ以降に、ペルシアのキュロス王によって解放されたユダヤ人はユダの地に帰還し、エルサレムの都を再建し礼拝のための神殿を再興したが、他の者たちは、バビロンや、ペルシア、エジプトの町々に残った。エジプトでの活気のある共同体は一九五〇年代まででつづいた。アレクサンドロス大王の征服後、ユダヤ人はギリシア世界を彷徨し、その主要な商業の中心地に住みついた。第二神殿が後七〇年に破壊されると、一部のユダヤ人はイタリアに移住し、そして、そこからローマの通商路を旅してヨーロッパや、現在のアラブの土地に入って行った。やがて小規模な、しかし多くの場合、繁栄したユダヤ人共同体がヨーロッパ各地に、中でも東ヨーロッパの各地に生まれた。はるか後になって、新しい共同体がアメリカで生まれる。とはいえ、ユダヤ人は、彼らのものでない土地で、つねに少数民族だった。こうして世界各地に散在するユダヤ人共同体は「ディアスポラ」（離散）として知られる。

ユダの独立国家が終焉した前五八六年以降、ユダヤ人は、彼ら自身の国家の中で、ペルシア人、ギリシア人、そしてローマ人に順次支配された。外国の支配者たちが彼らの宗教を強制したり、ユダヤ教を抹殺しようとしたとき、彼らユダヤ人は反乱を起こした。ユダヤ教は、ユダヤ人がその宗教法を遵守できるかぎり、外国の市民法にしたがうのを許している。もっとも、ユダヤ人でない者との交わりや、商売、ビジネス、政治的な接触などは、いかなる制約も受けないで行われるものである。伝統的なユダヤ教では、ユダヤ人でない者との結婚は禁止されているが、それはそうした結婚が、ユダヤ教の存続にとって脅威になると考えられるからである。しかし、この点においても、現代のユダヤ教のある宗派はこの規定を強制しない。それゆえに、宗教的自由が許されるかぎり、ディアスポラのユダヤ人共同体は、彼らの住む国の市民法を遵守し、その土地の市民生活に十全にあずかっている。

ディアスポラのユダヤ人の長い歴史は、複雑な物語である。それはしばしば拒絶、孤立、追放、そして迫害の話であるが、それはまた文化的な達成や商業の成功の記録でもある。アレクサンドロス大王が前三三二年にパレスチナを征服した後、離散のユダヤ人は、アレクサンドリア、エジプト、そしてバビロニアでユダヤ人共同体をつくった。アレクサンドリアのユダヤ人学者はトーラーの最初の五書をギリシア語に翻訳した。ユダヤ人著作家もまた文学や哲学の作品を生み出した。バビロニアでは、ラビはユダヤ教の法的・神学的体系の中心的な教義を新しい文化に適合させた。この結果、『バビロニア・タルムード』が生まれることになったが、それは新しい環境の中で――その環境は後になってイスラーム文化によって支配されるものとなった――ユダヤ人の生活を導いたユダヤ教の書かれた律法と口伝の律法の統合であった。ローマ人が前六三年にパレスチナの土地を支配するようになると、ラビはローマの支配のさまざまな影響やキリスト教の誕生の影響のもとで『パレスチナ・タルムード』を生み出すことになる。『バビロニア・タルムード』は、アラブのイスラーム文化の世界におけるスファラディ系のユダヤ人の法的・神学的指針となる。キリスト教のラテン世界に住んだアシュケナージ系のユダヤ人は、ローマ世界で生まれた『パレスチナ・タルムード』にしたがった。

中世のユダヤ人は、商人として取引に成功して、また銀行家として経済的な影響力を行使したが、しばしば迫害や追放も経験した。彼らは一二九〇年にイングランドから追放され、一三〇六年にはフランスから追放された。スペインのユダヤ人は、一四九二年に、キリスト教徒になるか、追放されるか、そのどちらかの選択を強要された。しかし、マラーノと呼ばれるキリスト教へ改宗したユダヤ人は、キリスト教徒によって胡散臭い目で見られたばかりか、同胞のユダヤ人たちからは裏切り者として扱われた。

一八世紀の啓蒙主義の到来によって、ユダヤ人は解放された。完全で対等な市民権を手にしようと、多くの者がユダヤ的態度や価値の改革や近代化をもとめた。新しい世俗的な文化に自分たち自身をもっと適合させるためであった。改革派ユダヤ教がドイツやフランスで生まれ、後になってそれは合衆国に伝えられた。それは旧来の正統的ユダヤ教に挑戦するものであった。保守的ユダヤ教はその二つの中間を行こうとした。彼らは多くの改革問題を引き受けたが、同時に伝統的な宗教儀式を守った。

何百万というヨーロッパのユダヤ人が、第二次世界大戦中のナチによるホロコーストで殺されたが、一九四八年のイスラエル国家の樹立は、すべてのディアスポラのユダヤ人がそこに帰還できるユダヤ人国家を創建したことを意味する。イスラエルは、宗教的迫害から逃れるユダヤ人にとって、また自分たち自身の祖国をもとめる者にとって安息の地となった。しかし、ディアスポラの地のユダヤ人共同体も残った。一部の者たちは、イスラエルの存続と同時に、これらの共同体も存続しつづけねばならないと信じている。さらに言えば、超保守的なユダヤ人たちは、イスラエルは真のユダヤ人国家であるとは信じていない。彼らの考えによれば、真のイスラエルの国はメシアの到来をもってはじめて存在するものだからである。

今日のユダヤ教とユダヤ人

ユダヤ教は長い歴史の中で成長し、そこからは多くの異なる宗派が生まれた。ユダヤ人は世界各地に住み、その国の市民でありながら、彼らの属する宗派のユダヤ教を実践している。イスラエルの国は、ユダヤ人の民族的郷土である。イスラエルは古代イスラエルの国家の再生ではない。その市民は、さまざまな宗派のユダヤ人や、ユダヤ人でない者から成り立つ。

ディアスポラのユダヤ人は、宗教上の慣習を含むが、それには縛られないユニークで世界的なユダヤ文化を生みだした。この文化は、世界について異なる考えをもつ人びとの間で暮らすことから形成された。ユダヤ文化は、共同体での奉仕や教育を強調する「法」の諸価値を具現する。それはまた、伝統にたいして深い敬意を払う。この文化から多くの音楽や、芸術、そして哲学の分析からユーモアまでを含む文化が生まれ、そのすべてが世界にたいするユダヤ人の応答である。

今日のユダヤ人は、ユダヤ教のさまざまな宗派のユダヤ人や、文化的にユダヤ人である者の双方を含んでいる。ユダヤ人のある者は伝統的な信仰を遵守し、シナゴーグを中心とする親密な共同体の中で生活する。それよりもはるかに多くの者は、彼らの住む変貌する世界によって形成された宗派の者たちである。ユダヤ教をまったく実践しないユダヤ人もいる。しかし彼らは、その一族の背景ゆえに、ディアスポラのユダヤ文化を継承している。したがって、ユダヤ教やユダヤ人について考察するときには、宗教的伝統の視点ばかりか、特定の文化の視点も必要である。彼らの宗教的伝統と文化はともに西欧文明に大きな影響を与えてきたのである。

2　ユダヤ民族とユダヤ教の初期の歴史

聖書の物語によれば、初期のユダヤ教は、約束、信仰、献身、迫害、放浪の物語である。神がユダヤ民族に与えた最初の約束が、彼らの宗教の永続的な核を形成した。神の「法」への献身が、ユダヤ民族を、平和のときも、戦争のときも、奴隷のときも、苦難のときも一つにした。

資料

一九世紀の中頃まで、初期ユダヤ教に関するわれわれの知識の大半は、ヘブル語聖書からだった。ヘブル語聖書はキリスト教徒の聖書の旧約部分となっている。キリスト教徒の聖書である新約聖書も、ユダヤ教とその民族の歴史の一部を教えてくれる。ギリシアやローマの古典の資料や、聖書以外の初期のユダヤ側の文書からも情報を得ることができる。一九世紀に中近東ではじまった考古学的発掘調査は、都市の住居址や、生活品、粘土板の断片、その他の遺物などから新しい情報を提供する。メソポタミアや、エジプト、シリア、トルコ、そして聖地（パレスチナ、シリア－パレスチナ、カナン、イスラエルとも呼ばれる）からの出土品は、ヘブルびとやイスラエルびとの周辺民族に関して、それまで以上のはるかに多くの知識を与えてくれる。聖書や出土品のおかげで、われわれは、ヘブルびとの起源や彼らを一体にした信仰について、より明白な図をもつに至っている。これらの研究領域においては、大きな進展が見られたが、聖書の学問研究は、細心の研究の継続的プロセスである。その研究は、新しい情報が出現するたびに絶えず修正される。

祖先と言語

ヘブルびとと彼らの子孫であるイスラエルびとの正確な起源は不明である。聖書は、ヘブルびとの祖先を、その家族を洪水から救うために箱船を建造したノアにはじまる、地上の全民族の祖先に結びつけている。ノアの子孫であるシェム、ハム、そしてヤフェトの誕生で、諸民族の誕生の系譜がそれぞれつくられる。その一族にエベルを含むシェムは、ヘブルびとや、メソポタミア、シリア、アラビアの一部の人びとの祖先であった。聖書では、シリアの古代の民族であるアラムびとはヘブルびとの祖先としてその名前があげられている。「彷徨のアラムびとがわたしの祖先であり……」と、イスラエルびとは申命記二六・五で言っている。しかし、創世記において、聖書はまた、アブラハムの第一子イシュマエルを介してアラブの諸部族とヘブルびとの同族関係や、モアブ、アンモン、エドムなどの古代中近東の民族に言及している。これらの言及は、ヘブルびとが、シリアからエジプトの国境にまで広がる地域に起源をもつ者たちであり、その地域の他の民族の者たちに関係

エルサレムの西の壁で祈るユダヤ人。祝祭のとき、この場所には多くのユダヤ人がやって来る。

していることを示唆する。
ヘブルびとの言語の証拠もこの想定を支持する。ヘブル語は古代イスラエルの言語であり、また旧約聖書の言語である。それはアラム語や、アラビア語、それにアッカド語（バビロンやアッシリアの言語）、ウガリット語、フェニキア語のような多数の古代の言語と関係している。これらはメソポタミア、シリア、そしてアラビアの言語である。われわれはこれらすべての言語をセム語と呼ぶ（セム語のセムはノアの子孫シェムに由来する）。そしてそれを話す者は、過去においてそうであったように、現在もセム語族と呼ばれる。ヘブル語はセム語であり、ユダヤ人はセム語族であると見なされている。

聖書は、イスラエルとも呼ばれた太祖の一人、ヤコブの子孫を「イスラエルの子」と同定している。聖書の物語は、これらの人びとが大家族にはじまってどのようにしてカナンに定住して民族となったかを語っている。考古学上の証拠は、紀元前二〇〇〇年紀の後半にカナンに「イスラエル」と呼ばれた民族がいたことを示している。さらに、多くの学者は、新しい民族が聖書の中で記述されている頃にカナンに入ったと信じている。この新しい民族は、イスラエルとして知られる集団を形成するためにカナンの先住民と手を結んだのである。

太祖

聖書によれば、ヘブルびとの最初の太祖はアブラハムである。神はアブラハムと契約を結び、カナンを故郷とする大いなる国民が彼の子孫から興ると約束された。聖書の太祖物語（創世記一二―五〇章）は、太祖たちの世代の出来事を語る。これらの初期の太祖とは、アブラハム、その息子イサク、イサクの息子ヤコブ、ヤコブの十二人の息子のうちの十一人、そしてヤコブのお気に入りの息子ヨセフの子らである。

太祖アブラハムは遊牧の民として記述されている。彼はカルデアのウルから出発し、シリアやカナンを経てエジプトへ入り、そこから再びカナンへと戻っている。彼は家畜の群れのために、青草をもとめて季節ごとに移動する部族を率いた。創世記は、アブラハムや他の太祖の遊牧生活について記述し、彼らが彷徨した土地の定住民との交渉を述べている。古代中近東の他の多くの資料も、初期のヘブルびとのような部族について語っている。これらの資料の中には、前二〇〇〇年紀の後半以降のマリ（シリア）の住居址から出土した記録もある。これらは、創世記で描かれている者たちに似た定住民との交渉を記述する。

聖書の太祖物語は、結婚や、相続、国際関係、家畜の世話、土地の取得などの詳細を含んでいる。われわれは、これらの物語から、ヘブルびとの社会的・経済的環境についての洞察を得る。われわれはまた、彼らの法習慣について知るが、それは概して、古代中近東の他の社会、とくにメソポタミアの社会の法習慣と同じである。

ヘブルびとの初期の宗教も太祖物語に反映されている。われわれは、これらの物語から、初期のヘブルびとの神が一族のパトロンか守護神であったことを知る。神は太祖物語の中でヤハウェと呼ばれているが、好んで用いられた神名は「エル」である。このエルは、通常、「エル・シャッダイ」、「エル・エリヨン」、「エル・オーラム」のように、他の言葉と組み合わされて使われている。これらの言葉は、神名に特別な意味を賦与する。たとえば、エル・シャッダイは「山の神」を、エル・エリヨンは「いと高き神」を、エル・オーラムは「永遠なる神」を意味する。エルは「神」をあらわすセム語で、エルを含むこれらの神名はすべて、太祖たちの一つの神を意味するであろう。アブラハムの到着前の古代カナンの主神もエルと呼ばれていたが、この神とヘブルびとの神名の関係は明らかではない。しかしわれわれは、ヘブルびとのエルとカナンびとのエルが同じ性格のものでなかったことを知っている。ユダヤ人は、紀元前三世紀頃以降、神の偉大さに敬意を払うために、ヤハウェと口にすることを避けてきたが、それを知ることは重要である。教科書や百科辞典の類においては、ヤハウェへの言及はしばしば見いだされるが、宗教的な文脈においては、神を意味するアドナイが一般には使用される。

礼拝に関して言えば、初期のヘブルびとの習慣は、遊牧的な生活と同じように単純だった。族長が動物犠牲を執り行い、民が神に祈りをささげた。今日のユダヤ人と同じく、初期のヘブルびとは、神との契約や彼らになされた神の約束を信じた。

学者は太祖時代の年代を論じる。あるグループは、これらの初期の太祖時代を中期青銅器時代（前二〇〇〇年頃―一五五〇年頃）と想定し、他のグループは、後期青銅器時代（前一五〇〇年頃―一二〇〇年頃）と想定する。こうして意見の一致は見られないが、どちらのグループも、太祖物語が最初は口頭で伝えられていたが、いつしか書き写されたと考えられる。第三のグループは、これらの物語が最初から書かれたと主張する。そのいずれにせよ、どのグループの学者も、太祖物語が紀元前一〇〇〇年紀には書かれていたと考える。

出エジプトから征服へ

エジプト側の資料は、カナンの飢饉時代に、エジプトにやって来た遊牧の民について多くの物語を伝える。歴史上の証拠に照らせば、これが多分、後にイスラエルびとになる、少なくともいくつかの部族の体験だったであろう。しかし、この移住時期はまだ確定されていない。聖書の太祖物語は、アブラハムの子孫がエジプトで暮らしたことで終わっている。彼らは、エジプトの記録に見られる遊牧民と同じように、カナンの飢饉のためエジプトに移り住んだのである。

聖書の物語によれば、ヘブルびとはエジプトで四〇〇年間奴隷にされた。出エジプト記によれば、ヘブルびとは、ラムセス二世（前一二九〇―一二二四年）と同定されるファラオ時代にエジプトを離れた。エジプト側の歴史資料はこの出来事を伝えていないが、それは多分、アジア系民族の小集団がエジプトのデルタ地区を後にすることなど、ごく普通のことだったからであろう。とはいえ、ユダヤ人はエジプトからのこの出立を、ヘブルびととの歴史の中の主要な出来事の一つとして記録された「出エジプト」として語っている。エジプトにおける奴隷状態からのこの解放は、ヘブルびとにとって大勝利であり、ヘブルびとの宗教における分岐点になるものだった。

この出エジプトでは、偉大な指導者モーセが、ヘブルびとをエジプトからシナイ山に導きだしたと信じられている。そのシナイ山で、ユダヤ人の歴史の中でもっとも聖なる出来事の一つが起こった。モーセが神から「法」を受け、それをヘブルびとに与えた出来事である。

神はこれらすべての言葉を告げられた。

「わたしは主、あなたの神、あなたをエジプトの国、奴隷の家から導き出した神である。あなたには、わたしをおいてほかに神があってはならない。」

あなたはいかなる像も造ってはならない。

上は天にあり、下は地にあり、また地の下の水の中にある、いかなるものの形も造ってはならない。あなたはそれらに向かってひれ伏したり、それらに仕えたりしてはならない。わたしは主、あなたの神。わたしは妬みの神である。わたしを否む者には、父祖の罪を三代、四代までも問うが、わたしを愛し、わたしの戒めを守る者には、幾千代にもおよぶ慈しみを与える。

あなたの神・主の名をみだりに唱えてはならない。みだりにその名を唱える者を主は罰せずに

ヘブル語のアルファベット（読み方）

א	בּ ב	ג	ד
アレフ	ヴェート（ベート）	ギメル	ダレット
ה	ו	ז	ח
ヘー	ヴァヴ	ザイン	ヘット
ט	י	כּ כ ך	ל
テット	ヨッド	ハフ（カフ）	ラメッド
מ ם	נ ן	ס	ע
メム	ヌン	サメク	アイン
פּ פ ף	צ ץ	ק	ר
フェー（ペー）	ツァディ	コフ	レーシュ
שׂ שׁ	ת		
スィン（シン）	タウ		

おかれない。安息日を心に留め、これを聖別せよ。六日の間働いて、何であれあなたの仕事をし、七日目は、あなたの神・主の安息日であるから、いかなる仕事もしてはならない。あなたも、息子も、娘も、男女の奴隷も、家畜も、あなたの町の門の中に寄留する人びとも同様である。六日の間に主は天と地と海とそこにあるすべてのものを造り、七日目に休まれたから、主は安息日を祝福して聖別されたのである。

あなたの父母を敬え。そうすればあなたは、あなたの神・主が与えられた土地に長く生きることができる。

殺してはならない。

姦淫してはならない。

盗んではならない。

隣人に偽証してはならない。

隣人の家を欲してはならない。隣人の妻、男女の奴隷、牛、ろばなど隣人のものを一切欲してはならない。

（出エジプト記二〇・一―七。新共同訳の一部を改める）

ヘブルびとは、聖なる「法」を受けた後、荒野を四〇年間、彷徨した。この彷徨時代は「荒野の

イスラエル（ヤコブ）の十二部族の名（創世記36：22-26）

ルベン	ダン	シメオン	ナフタリ
レビ	ガド	ユダ	アシェル
イッサカル	ヨセフ	ゼブルン	ベンヤミン

体験」として知られている。そして四〇年目の終わりに、彼らは、先祖たちが数百年前に住んだことのあるカナンの地に入った。カナンの土地に入ると、ヘブルびとはそこを征服した。この時代は「征服時代」として知られる。

「イスラエル」の名前とイスラエルの征服に関する考古学上の証拠は、少しばかり異なる画像を提供する。イスラエルへの最古の言及はエジプト側のものである。カナンにおけるファラオのメルネプタ（一二二〇年頃活躍）は、自らの軍事遠征を石柱の上にしるし、イスラエルは「完全に破壊された」と述べている。この「イスラエル」は、出エジプトに関わる時期以前にすでにカナンにいたのである。

カナンに定住したイスラエルびとは宗教的にも、社会的にも、法的にも、政治的にも、経済的にも、太祖時代のヘブルびととの生活とは非常に異なるものだった。荒野時代の四〇年間とカナン征服と定住の帰還に、彼らの考えや習慣が変わっていたからである。出エジプトと征服の時代に生まれた新しい視点が、古代イスラエルにおけるユダヤ教と生活様式を形成するにあたり重要な役割を演じた。

出エジプトについての聖書の物語は、イスラエルのユニークな民族的特質の展開を語っている。イスラエルびとは、カナン征服と定住後、社会的にも、法的にも変わった。彼らはもはや遊牧の民ではなかった。彼らは村に定住し、土地を耕作した。聖書の中では、イスラエルの十二部族は、カナン征服前の一族として記されている。彼らは同じ父ヤコブ（イスラエル）をもっていたからである。どの部族も他の部族を一族と見なしていた。しかし、カナン定住後、イスラエルびとは、諸部族の連合体として緩やかに組織された。イスラエルびとは、諸部族が一族として結びつくことをもはや重要とは考えなかった。より重要だったのは、諸部族に共通する宗教であり、危難のときに防衛しあう合意であった。今や部族連合は中心的な統治体をもたなかった。聖書の記録によれば、カナン征服後、各部族は、ときにその指導者や長老たちが会合をもち、すべての部族のために法を定めたりしたが、かなりの自治を享受している。

もっとも重要な変化が見られたのは宗教である。イスラエルびとは唯一神ヤハウェをもっていたが、太祖たちが彼らの神を言いあらわすために用いた多くの神名（エル・シャッダイ、エル・エリヨン、エル・オーラムなど）をヤハウェの異名と考えていた。ヨシュア記によれば、イスラエルびとはヤハウェとの契約を更新した。

ヨシュアはイスラエルの全部族をシケムに集め、イスラエルの長老、長、裁判人、役人を呼び寄せた。彼らが神の御前に進み出ると、ヨシュアは民全員に告げた。「イスラエルの神・主はこう言われた。

『あなたたちの祖先は、アブラハムとナホルの父テラを含めて、昔ユーフラテス川の向こうに住み、他の神々を拝んでいた。しかし、わたしはあなたたちの先祖アブラハムを川向こうから連れ出してカナン全土を歩かせ、その子孫を増し加えた。彼にイサクを与え、イサクにはヤコブとエサウを与えた。エサウにはセイルの山地を与えたので、彼はそれを得たが、ヤコブとその子たちはエジプトに下って行った。

わたしはモーセとアロンを遣わし、エジプトに災いをくだしたが、それはわたしが彼らの中にくだしたことである。その後、わたしはあなたたちを導き出した。わたしがあなたたちの先祖をエジプトから導き出し、彼らが葦の海に着くころ、エジプト軍は戦車と騎兵を差し向け、後を追って来た。彼らが主に助けを求めて叫ぶと、主はエジプト軍との間を暗闇で隔て、海を彼らに襲いかからせて彼らを覆われた。わたしがエジプトに対して行ったことは、あなたたちがその目で見たとおりである。その後、長い間荒れ野に住んでいた。あなたたちを、わたしは、ヨルダン川の向こう側の住民アモリ人の国に導き入れた。彼らは戦ったが、わたしが彼らをあなたたちの手に渡し、あなたたちのために彼らを滅ぼしたので、あなたたちは彼らの国を得た。』」

………

しかし、ヨシュアは民に言った。

「あなたたちは主に仕えることができないであろう。この方は聖なる神であり、熱情の神であって、あなたたちの背きと罪をお赦しにはならないからである。もし、あなたたちが主を捨てて外国の神々に仕えるなら、あなたたちを幸せにした後でも、一転して災いをくだし、あなたたちを滅ぼし尽くされる。」

出エジプト記32・19の場面。モーセが十戒を刻んだ石板をたたき割ろうとしている。

……

民はヨシュアに答えた。

「わたしたちはわたしたちの神・主に仕え、その声に聞きしたがいます。」

（ヨシュア記二四・一―八、一九―二〇、二四。新共同訳を一部改める）

イスラエルびとは直接に神を拝した。彼らは刻んだものや、偶像、ヤハウェを似せたものなどへの跪拝を禁じられた。偶像への跪拝は、古代中近東において普通であった。ヤハウェと、他の中近東の諸民族の神々との一つの違いは、ヤハウェが、その時代の地母神や民族神のように、ある特定の土地と結びついていないことであった。もう一つの違いは、ヤハウェが自然の一部（海や、風、嵐、大地など）でないことであった。この点で、ヤハウェは古代世界においてユニークな神であった。

ヤハウェはシロの町で拝された。この土地の聖所に「契約の箱」と呼ばれる聖なる箱が置かれた。箱の中には、神がモーセにシナイ山で与えたと言われる「十戒」の刻まれた石板が収められていた。そのため、契約の箱は非常に神聖なものであると見なされた。聖書の伝承と考古学上の証拠によれば、契約の箱を収めた最初の厨子はテント（天幕）だったらしい。この移動可能な厨子は遊牧の民にとって重宝なものだった。ヤハウェの礼拝を取り仕切ったのは大祭司で、その他の祭司やレビ（ヤコブの子）の部族の者が彼を補佐した。動物犠牲は礼拝で一つの役割を果たしたが、それよりも

ヘブルびとの祭司についての想像画。右から、大祭司、祭司、レビびと。

重要だったのは、「過越の祭」や「七週の祭」（過越の祭の第二日から教えて七週目の刈入れの祭）のような年間の行事であった。これらの祭のときに、集まった民は、イスラエルとヤハウェの契約を再確認した。

モーセがシナイ山で受けた「法」は、神とイスラエルの契約の条件を与えた。イスラエルびとはその「法」が、神から与えられたがゆえに、不滅で普遍的であると信じた。その「法」の一部である「十戒」は、神の礼拝と隣人との交わりに関する一般的なガイドラインである。これ以外にも、「十戒」の基本的原理の具体的な適用である多くの細則があった。これらの法は、古代中近東の法体系のそれに似ている。これらの具体的な適用は、いかにイスラエルびとが古代中近東における定住生活の規範に合わせたかを物語っている。

ヤハウェ信仰の中心には二つの理解があった。すなわち、イスラエルびとがヤハウェの選ばれた民であること、そしてシナイでの契約がイスラエルを一つの民族にしたことである。ヤハウェはご自身の選ばれた民イスラエルを守護し、彼らの必要とするものを与えられる神でもある王であった。他の土地においては、法は人間の王によってつくられた。イスラエルびとの法がユニークなのは、それが神的起源をもつことにあった。それはヤハウェが制定されたものである。それゆえに、イスラエルの社会的・経済的・法的基盤も神的に定められたものである。イスラエルの民はヤハウェの「法」にしたがって生活しようとした。それがシナイ山で与えられたからである。イスラエルの「人間の指導者」は士師であった。その者は、神聖なる「法」の遵守を監督し、そして、日常生活のすべての領域において、ヤハウェとその民の間の仲保者の役割を演じた。

ユダヤ教の外にいる者たちは次の問を立てるのではないか。いったいなぜ、そしてどのようにしてユダヤ教は、神的なるものと、人間的なるものへのその関わりについてこうしたユニークな視点をもつに至ったのか、と。聖書によれば、その答えは、シナイ山でのモーセとヘブルびとの物語の中に見いだされる。ヘブルびとはシナイ山で、モーセを介して直接神の言葉を受け、その結果、神との人格的な関係を確立したのである。

聖書はまたモーセを、ユダヤ民族の最大の指導者として記憶する。実際、モーセという人物が荒野物語の人間的部分の立て役者である。彼はヤハウェの召命を受け、民をエジプトから導き出し、「法」を受け、気まぐれな民のためにヤハウェに執りなしたのである。モーセに関する物語は、彼が新しいユニークな信仰の神の器にして人間の創始者、そして、カリスマ的指導者とされた事実を反映する。彼は、偉大な預言者たちの歴史の中で、イエスやムハンマド（モハメッド）に比肩する。

士師時代

出エジプトとカナン征服と定住の時期は、古代中近東において、概して不安定な時代であった。前二〇〇〇年紀のエジプトや、ヒッタイト、アッシリアなどの大帝国は、シリアやカナンにおける旧来の勢力圏から身を引いていた。そのため政治的・軍事的真空状態が生まれたが、それは新しい民族によって埋められる。フェニキア人は、パレスチナの北の海沿いの地域に都市を創建した。アラムびとはシリアや、カナンの北部や東部に広がった。イスラエルびとと、なかでもペリシテ人は、カナンの南部や西部の地域を占有した。イスラエルは、この環境の中で、一民族として発展しつづけた。イスラエルびとはカナンに定住し、イスラエルは「士師時代」と呼ばれる時代（前一二〇〇年頃―一〇二〇年頃）に入っていった。

既述のように、前一二〇〇年頃のイスラエルは、部族連合として組織されていた。士師時代、部族の領地間の距離や異なる土地事情などの要素は、部族間の不和をもたらすものであった。領地の政治的・軍事的問題や領地での神礼拝が、諸部族間の大きな問題よりも重要な関心事になった。しかし、それでもなお、契約とその要求を重んじる伝統が、かなりゆるやかにではあったが、諸部族を拘束していたように思われる。荒野時代の習わしにしたがい、危機の時代の指導者は士師であり、そのカリスマ性ゆえに、民は彼にしたがった。もっともよく知られている士師は、オトニエル、イェフド、ギデオン、デボラ、イェフタ、サムソンである。これらの士師の背景は十人十様であるが、どの士師も神の召命で指導者になったと思われる。彼らは、少なくともイスラエルの一部をその敵から救った。

イスラエルは、この時期に経済や技術の進展を見た。イスラエルは他の文化とより親密な接触をするにしたがい、その民は、新しい知識や技術を獲得した。ペリシテ人は最初、鉄製の武器や農具などの使用で、イスラエルびとを圧倒していたが、イスラエルびとはいつしか彼らから、金属を鋳造して新型の槍や器具をつくる術を学んでいた。イスラエルびとはまた、他の宗教、とくにカナンの主神バアルの祭儀にも出会った。バアルは異教の神であり、人びとは、さまざまな像に跪拝していた。そのため、イスラエルびととその周辺民族の間で、ヤハウェ礼拝と異教の神々への跪拝をめぐって、長い間緊張関係がつづいた。この緊張があずかって、イスラエルびとは自分たちの宗教的・政治的アイデンティティを定義することになった。古代イスラエルの「アイデンティティ問題」は、この士師時代に遡る。

ここでもまた聖書は、とくに士師記は、この時代について書かれたほとんど唯一の記録である。士師記はこの時代を、危機と平和が交互に訪れた時期と見ており、神への従順が平和をもたらし、不従順が災禍をもたらすという道徳的メッセージを明確に伝える。

統一王国

前二〇〇〇年紀の終わり(前一一〇〇年頃―一〇〇〇年頃)の混乱に引きつづいて、中近東――現在のエジプトやメソポタミア、トルコ――における伝統的な勢力基盤が再編されつつあった。その地域に強力な敵対者が存在しなくなったために、イスラエルはカナンの支配勢力になった。しかし、その前に、幾多の変化がイスラエルの構造の中で起こっていた。イスラエルびとの歴史は、王国時代に入ったのである。

ここでもまた聖書の記録、とくにサムエル記上・下と列王記上、歴代誌上が、王国時代の早い時期の出来事を知るための唯一の文書資料である。聖書のこの部分は、主要な人物についての多くの物語を含み、それらはきわめて文学的である。古代イスラエルにおける王国出現の画像は、考古学上の出土品と政治史のパターンに関する膨大な学問的研究から現れてくる。

聖書物語は、王国の誕生を以下の仕方で伝える。イスラエルの最後の士師だったサムエルの時代、民は、戦闘で彼らの陣頭に立ち敵から彼らを守ってくれる王を求めた。彼らは言った。

いいえ。われわれにはどうしても王が必要なのです。われわれもまた、他のすべての国民と同じようになり、王が裁きを行い、王が陣頭に立って進み、われわれの戦いをたたかうのです。
(サムエル記上八・一九—二〇。新共同訳を一部改める)

ヤハウェはこの要求を、王としてのご自身の支配の拒否であると考えた。しかしヤハウェは、民にサウロという名の王を与えた。サウロが支配し、士師サムエルが神への仲保者としての役割を保持した。サウロは戦闘で勝利したこともあるが、ある危機的状況でサムエルと衝突したとき、彼の判断はあいにくヤハウェに不従順だった。そのためヤハウェはサウロを見捨て、サムエルに、ダビデに油を注いでイスラエルの次の王とするよう指示した。サウロはペリシテ人との戦いで戦死する。

多くの研究者は、イスラエルが王政に移行した理由を、次のように想定する。すなわち、イスラエルびとは、諸部族のゆるやかな連合体をイスラエルの防衛と発展にとって好ましくないと考えた。イスラエルは王をいだく周辺民族の影響を明らかに受け、彼らの統治形態と新しい統治形態の間の緊張をあらわしている。サウロの支配（前一〇二〇年頃—一〇〇〇年頃）は、新しい統治形態への移行の時期を示している。

聖書の伝承によると、神に選ばれた第二代の王ダビデ（前一〇〇〇年頃—九六一年）の地位は、モーセにつぐものである。一方のモーセが荒野時代の「イスラエル」の創始者であるのにたいし、ダビデは、その国力と独立の気運が絶頂に達した時期のイスラエルの統治形態、王政の創始者である。聖書のダビデ物語は、伝説的色彩を色濃くおびている。ある物語の中では、彼はペリシテ人の巨人ゴリアテを打ち破った勇敢な羊飼いの少年として描かれている。彼は楽才の豊かな聖書版ロビンフ

サムエル記上17の場面。ダビデがペリシテ人の巨人ゴリアテに石を投げつけている。ダビデはイスラエルの王となる。

ッドとしても描かれ、またヤハウェが「王政の契約」を介して、イスラエルの王朝の初代のメンバーとして認めた人物としても描かれている。聖書によれば、ダビデが王になったのは、サウロの気違いじみた追跡をかわした後のことである。彼は神への愛と従順を身をもって示し、その忠誠と英雄的行為で民の心をつかんだ。とくに重要なのは、彼の遠征の結果、イスラエルの版図が、ユーフラテス川からエジプトの国境に至る、神が「アブラハムとの契約」で約束された土地まで拡大されたことである。ダビデの統治により、アブラハムとその子孫にカナンの全地を与えるという神のアブラハムへの約束が成就される。

ダビデは強烈な個性をもつカリスマ的指導者である。彼はその点で、士師に似ている。われわれは、聖書物語から、ダビデを機を見るに敏で、イスラエルに影響をおよぼす内外の勢力を巧みに操って王国を掌握した人物と見ることができるだろう。彼はその初期に、イスラエルの王国の体制づくりと宮廷の組織づくりに取り組んだが、それはサウロのものよりも整えられた体制や組織を介して支配するためだった。彼は、平和を確保するために、周辺民族と一連の条約を結ぶ。軍事遠征では、イスラエルの版図を著しく拡大した。彼はまたエルサレムを占領し、そこをイスラエルのために統治と宗教の中心にした。ダビデの業績に関しては、聖書で語られている以上の証拠はまったくない。聖書外の資料も、イスラエルびとの王政の実施やその宗教的性格について何も報告していない。しかし、王国時代の初期に政治的しめつけの時期があったことや、イスラエルの王政の組織一般がその時期に確立されたことは明らかである。

伝統的にはヤハウェが王であったが、ダビデをヤハウェとは異なる王として立てる「ダビデ契約」、すなわち「王政の契約」が、イスラエルびとの間に宗教的・社会的緊張をもたらす。聖書は、神がダビデと契約を結び、それによりダビデはイスラエルの永遠の王朝の頭《かしら》になった、と宣言する。ダビデとその子孫は「法」にしたがうことを義務づけられた。王と民が災禍をこうむらないためである。

イスラエルの神は語り
イスラエルの岩はわたしに告げられる。
神に従って人を治める者
神を畏れて治める者は
太陽の輝き出る朝の光
雲のない朝の光
雨の後、地から若草を萌え出せる陽《ひ》の光。
神とともにあってわたしの家は確かに立つ。
神は永遠の契約をわたしに賜る
すべてに整い、守られるべき契約を。
わたしの救い、わたしの喜びを。

すべて神は芽生えさせてくださる。

（サムエル記下二三・三―五。新共同訳）

ダビデと結ばれた契約は、それが絶対的な約束であるという点で、アブラハムと結ばれたものに似ている。しかし、「ダビデ契約」はシナイ山での契約のいくつかの要素を変えている。この変更こそは、緊張の原因となったものである。もっとも大きな変更は、シナイ契約が、ヤハウェが王であると宣言しているのにたいし、「ダビデ契約」が、ダビデが王であると宣言していることである。この基本的な変更のため、イスラエルの統治について、二つの理解が生まれることになる。多くの者はダビデの支配を承認したが、一部の者は、ヤハウェこそが王であると信じたので、ダビデを王として承認できなかったのである。この「ダビデ契約」は、イスラエルのための基準になったが、二つの契約の間のこの違いが、王国時代を通じて、もろもろの緊張の原因でありつづけることになった。

エルサレムの都がイスラエルの統治と宗教の中心になったのは、ダビデが王であった時代である。ダビデの統治以前のエルサレムは、カナンの住民のエブスびとによって支配されていた。時を経るにしたがい、とくに王政が衰退するにしたがい、エルサレムはイスラエルへの神の約束の象徴になり、またイスラエルの未来への希望の中心になる。今日でも、ディアスポラのユダヤ人は、過越の祭のときに、「来年こそはイスラエルの地で」を挨拶代わりにする。

イスラエルの王政と結びつくもう一つの展開は、預言者の役割である。預言者は、王と民に神の意志を伝えるために、神の召命を受けた者である。預言者と王の関係の濃淡は、王がどの程度真摯に神にしたがい、契約の法を遵守しているかによった。初期の王政物語によれば、サウロと預言者サムエルは衝突した。ダビデには「宮廷預言者」ナタンがいた。ナタンは神の契約をダビデに告げ、ダビデが道を踏み外したときには彼を叱責し、また多くの事柄で彼に助言した。預言者に関するこれらの物語は、王国時代やそれ以後の時代、彼らがいかに振舞ったかを映している。

ダビデの死後、イスラエルは、その息子ソロモンによって支配された。ソロモンの治世（前九六一年頃―九二二年）は、聖書の中で、イスラエルの国家的発展の絶頂期として叙述されている。考古学上の出土品も、この時代にイスラエルが繁栄し、その文化が開花したことを証拠立てている。イスラエルの通商は拡大し、それには紅海での積み出しや、馬、戦車、胡椒などを手に入れるエジプトやアラビアなどの隊商交易が含まれた。もっとも重要なことは、ソロモンがエルサレムにヤハウェの神殿を建設しその職員を組織した、とされていることである。この神殿は「ソロモンの神殿」、あるいは「エルサレムの第一神殿」として知られている。要塞都市も強化され、常駐の守備隊が置かれた。

聖書に見られるのは、ソロモンの華美な生活と、それを享受するために彼がとった統制への評判である。聖書はまた、ソロモンが女に弱かったことを非難する。外国人妻は、彼を誘惑して外国の神々を拝ませ、王の道を踏み外させたからである。他方、ソロモンは知恵でも有名だった。そのため後になって、「ソロモンのように賢い」(as wise sa Solomon)、大岡裁きを意味する「ソロモンの判決」(a Solomonic decision) などの表現が生まれた。ソロモンの影響はイスラエルの外にもおよんでいる。伝説によれば、イスラーム世界のスレイマン一族は、聖書のソロモンを先祖とする。エチオピアの伝説は、ソロモン王とシェバの女王がエチオピアの初代の王の両親だったと申し立てる。実際、ソロモンは、歴史と伝説において、複雑な人物なのである。

ソロモンの統治でもって、王政はイスラエルの統治形態として確立される。加えて、エルサレムは政治的・宗教的権威の中心としての地位を確保する。王国とエルサレムの権力は、旧部族連合の領地にまでおよんだ。そのため、たとえば、ソロモンの税制度は独立したばかりの部族の領地で反感を買ったりした。ソロモンの死で、こうした緊張はより顕在化した。イスラエルは二つの国に分裂する。北の十部族からなるイスラエルと、エルサレムを保持した南の二部族からなるユダである。

分裂王国

分裂王国時代、イスラエルもユダも、ソロモン時代の統一王国の権勢や富を手にすることはなかった。それどころか、二つの王国は、フェニキア、ペリシテ、アラムなどの多くの都市国家の政治的駆引きに巻き込まれることになった。イスラエルとユダは、時代の複雑な軍事的・経済的・政治的構造の中で、ときに敵対し、ときに同盟することを繰り返した。二つの王国はともに、外国の要素、とくに宗教上の観念の影響をますます受けるようになった。二つの王国はともに、外国勢力を前にして、彼らのアイデンティティを必死に探し求めねばならなかった。

列王記と歴代誌は、預言者の諸書とともに、ソロモンの死から捕囚（前五八六年）までの、イスラエルの北王国とユダの南王国の歴史を記述する。聖書の文書はいずれも傾向的なので、その報告には均等の重みがあるわけではない。分裂王国時代のいくつかの時期に関する聖書資料は、古代中近東の他の資料、とくにアッシリアの歴代の王の記録と考古学上の証拠によって補われる。

聖書では、イスラエルとユダの王の治世は年代的な順序にしたがって記述されている。これらの物語はユダ側からなので、反イスラエルの強烈な感情が横溢している。加えて、聖書の物語は、王政こそがイスラエルの没落の一因だと非難された時期に著されたものである。それゆえに、王国の歴史は、歴代の王ごとに語られている。王の中には、ヤハウェに従順だった者もいるが、大半は「法」と正しい神礼拝から遠ざかった。イスラエルの王で有名なのは、ヤラベアム一世である。彼はイスラエル王国の創始者であるが、聖書の中では、ヤハウェに不従順だった者の例として引かれている。オムリの子でイゼベルの夫であったアハブにたいしては、預言者エリヤが警告した。エヒウは残忍な軍隊の指揮官であり、反乱軍を後ろ盾にして権力を奪取し、王位請求権のあるアハブの息子たちを惨殺した。

イスラエルの北王国の王たちは「ダビデ契約」の政治的・宗教的理念から遠ざかった。ユダ部族から見れば、イスラエルを構成した諸部族は没落を運命づけられていた。彼らはダビデの子孫でなく、またヤハウェをエルサレムでなく、ベテルや、シケム、それに彼らの新しい都サマリアで拝し

王名と統治年代

ユダの南王国	イスラエルの北王国
レハベアム（922－915）	ヤラベアム1世（922－901）
アビヤ（915－913）	ナダブ（901－900）
アサ（913－873）	バアシャ（900－877）
ヨシャパテ（873－849）	エラ（877－876）
ヨラム（849－842）	ジムリ（876）
アハジヤ（842）	オムリ（876－869）
アタリヤ（842－837）	アハブ（869－850）
ヨアシ（837－800）	アハジヤ（850－849）
アアマジヤ（800－783）	ヨラム（849－842）
ウジヤ（783－742）	エヒウ（842－851）
ヨタム（742－735）	エホアハズ（815－801）
アハズ（735－715）	ヨアシ（801－786）
ヒゼキヤ（715－687）	ヤラベアム2世（786－746）
マナセ（687－642）	ゼカリヤ（746－745）
アモン（642－640）	シャルム（745）
ヨシア（640－609）	メナヘム（745－738）
エホアハズ（609）	ペカヒヤ（738－737）
エホヤキム（609－598）	ペカ（737－732）
エホヤキン（598－597）	ホシェア（732－724）
ゼデキヤ（597－587）	

たからである。ユダからやって来た預言者はイスラエルで活動し、王に警告し、不従順な者にたいして神の罰がくだされることを説いた。イスラエルの北王国はアッシリアの政略で終焉を見る。住民は、前七二二年から七二一年にかけて強制連行された。その時点で、北王国の十部族はアッシリア帝国の中に散らされ、その結果、彼らはイスラエルびととしてのアイデンティティを喪失する。

アッシリアの王はこの国のすべての地に攻め上って来た。彼はサマリアに攻め上って来て、三年間これを包囲し、ホシェアに連れて行き、ヘラ、ハボル、ゴザン川、メディアの町々に住まわせた。こうなったのは、イスラエルの人びとが、彼らをエジプトの地から導き上り、エジプトの王ファラオの支配から解放した彼らの神・主にたいして罪を犯し、他の神々を畏れ敬い、主がイスラエルの人びとの前から追い払われた諸国の民の風習と、イスラエルの王たちがつくった風習にしたがって歩んだからである。イスラエルの人びとは、自分たちの神・主にたいして正しくないことをひそかに行い、見張りの塔から砦の町に至るまで、すべての町に聖なる高台を建て、どの小高い丘にも、どの茂った木の下にも、石柱やアシェラ像を立て、主が彼らの前から移された諸国の民と同じように、すべての聖なる高台で香をたき、悪を行って主の怒りを招いた主が「このようなことをしてはならない」と言っておられたのに、彼らは偶像に仕えたのである。

主はそのすべての預言者、すべての先見者を通して、イスラエルにもユダにもこう警告されていた。「おまえたちは悪の道を離れて立ち帰らなければならない。わたしがおまえたちの先祖に授け、またわたしの僕《しもべ》である預言者たちを通しておまえたちに伝えたすべての法にしたがって、わたしの戒めと掟を守らなければならない。」しかし彼らは聞きしたがうことなく、自分たちの神・主を信じようとしなかった先祖たちと同じように、かたくなであった。彼らは主の掟と、主が先祖たちと結ばれた契約と、彼らに与えられた定めを拒み、空しいものを追って自らも空しくなり、主が同じようにふるまってはならないと命じられたのに、その周囲の諸国の民に倣って歩んだ。彼らは自分たちの神・主の戒めをことごとく捨て、鋳像や、二頭の子牛像を造り、アシェラ像を造り、天の万像にひれ伏し、バアルに仕えた。息子や娘に火の中を通らせ、占いやまじないを行い、自らを売り渡して主の目に悪とされることを行い、主の怒りを招いた。主はイスラエルに対して激しく怒り、彼らを御前から退け、ただユダの部族しか残されなかった。

（列王記下一七・五―一八。新共同訳を一部改める）

聖書外の資料は、イスラエルの方がユダよりも強国だったことを示している。すなわち、サマリアの発掘からは、イスラエルが繁栄し高度な文化的生活を享受していたことが知られ、アッシリア側の資料からは、オムリ王朝が軍事的な脅威だったことが知られる。その敗北は、アッシリアの王シャルマネセル三世の碑文で語るに値いするものとされた。イスラエルは強国だったが、はるかに強いアッシリア人によって征服された。アッシリア側の資料からはまた、被征服民の連行が帝国の政策だったことが知られる。この政策は、イスラエルの破壊と諸部族の離散についての聖書記事を裏づける。

二つの王国のうちより小さな王国であるユダは紀元前五八六年までつづく。ユダの歴代の王についての歴史は、ご自身の民へのヤハウェの忍耐と「ダビデ契約」の約束への献身物語である。聖書は、ダビデ王の流儀で支配したアサや、ヒゼキヤ、ヨシヤらのユダ王国の王について語る。それはまた、神聖なる「法」にまったく不従順だったレハベアムやヨラム、アハズ、マナセらのユダ王国の他の王についても語る。王が名君だったか否かは、王がどの程度熱心に、カナンの神々バアルやアシェラの礼拝という異教の慣習を領地から断ち切ろうとしたかによって測られた。神のユダへの忍耐も終わりを見た。神はバビロニア人の征服による捕囚をもってユダを罰せられた。

ユダもまた自分たちの神・主の戒めを守らず、
イスラエルの行っていた風習にしたがって歩んだ。
主はそこでイスラエルのすべての子孫を拒んで苦しめ、
侵略者の手に渡し、ついに御前から捨てられた。

（列王記下一七・一九―二〇。新共同訳）

考古学上の出土品は、カナンの神々がユダで跪拝されていたことや、ユダが周辺民族とふだんに接触していたことを示している。われわれはまた、ユダに繁栄の時代があったことを知る。それは聖書でその名があげられている義しい王の時代である。たとえば、ヒゼキヤは王の範たる人物で、そのため、彼は神の大きな寵愛を受けたと言われている。ヒゼキヤの諸種の建築プロジェクトは、発掘調査から知られている。これらのプロジェクトが盛んな通商と繁栄の時代に進められたことは明らかである。ヒゼキヤ時代のユダの国力は、アッシリアの王センナケリブによって確認された。王は粘土のプリズム板に記した報告の一部を、エルサレム包囲——それは聖書のヒゼキヤ物語にとって主要な出来事である——にあてている。考古学上の発掘から、砦や守備隊の陣営跡、陶器片、多種多様の工芸品などが掘り出されたが、それらは、アッシリア人や、エジプト人、バビロニア人らがユダにいたことを明らかにする。

歴史的に言えば、ユダはイスラエルよりも小国で、国際舞台でもイスラエルよりも重要でなかった。イスラエルが陥落したとき、ユダはアッシリアの従属国家になったが、後にユダ部族の王たちは、独立を宣言するのだった。ユダはアッシリアとエジプトの列強にはさまれたため、両国を対立させて漁夫の利を得ようとする。この外交策はいくぶんか成功していた。ユダはアッシリアが存在しているかぎり、攻撃されることがなかった。アッシリアが崩壊すると、バビロンがメソポタミアの強国としてそれに取って代わった。ユダはカナンの覇権をもとめるバビロニア軍とエジプト軍の衝突する場所になった。前五八七年、ユダがバビロニアの王ネブカドネザルに膝を屈するのを拒否

エルサレムの神殿地域。7世紀の古代の神殿の上に、
イスラーム教徒の「岩のドーム」が中央に見られる。

したとき、ソロモンの神殿とエルサレムは破壊される。かつてイスラエルの住民がアッシリア人によって連行されたように、ユダの指導者や、工人、その大半の住民が連行される。これがバビロニア捕囚のはじまりであり、古代イスラエルの独立の終焉だった。

ユダヤ教の歴史にとって、分裂王国の時代はとくに重要である。預言者がイスラエルとユダで活躍したからである。サムエルやナタンのように、イスラエルとユダで興った預言者は、王と民への神の不興を表明した。

預言者たちの文書は、カナンの征服と定着時代のあの「イスラエル」像とはきわめて異なる「イスラエル」像を映し出している。イスラエルとユダはともに、社会的・経済的に異なる階層の住民や、宗教や政治にたいして曖昧な態度をとる者たちを抱えた町々を擁した。厳格なヤハウェ主義者がいれば、異教の神々を跪拝する者の傍らでヤハウェを礼拝する者もいた。イスラエルやユダの民は、その国運が傾きだしたとき、神の約束——国土や、王、諸民族の間での特別の地位についての神の約束——が彼らの状況といかに関わるのかを問題にした。

預言者たちは、イスラエルとユダにおける社会的・経済的・政治的・宗教的状況を執拗に攻撃する。彼らは社会的・経済的不平等の不正義や、金持ちや有力者の権力濫用を告発する。預言者たちは、イスラエルとユダが他の民族と同盟したり、アッシリアと従属的な取り決めをすべきでなかったと感じていた。彼らは、これらの外交が、神の主権と神の保護の約束への信頼の欠如を示すものだと信じた。彼らは、民が外国の神々を跪拝したり、王が異教の習慣を廃そうとしないことにとくに怒りを露わにした。彼らは、イスラエル、ユダ、そして彼らの王が、民族の依って立つ契約を侵犯していると警告した。預言者たちは、彼らの時代の歴史的・状況的出来事、たとえば、アッシリアの侵入、イスラエルの捕囚、地震、飢饉などを、契約を浸犯したことへの神の怒りの表れ、神の罰と解釈した。預言者たちは、民族の破滅を告げるメッセージとともに、イスラエルのための神の大いなる計画のために、神が「忠実な残れる者」を救われるという考えを表明した。

その日には、イスラエルの残りの者とヤコブの家の逃れた者とは、再び自分たちを撃った敵に頼ることなく、イスラエルの聖なる方、主に真実をもって頼る。残りの者が帰って来る。ヤコブの残りの者が、力ある神に。あなたの民イスラエルが海の砂のようであっても、そのうちの残りの者だけが帰って来る。滅びは定められ、正義がみなぎる。万軍の主なる神が、定められた滅びを全世界のただ中で行われるからだ。

（イザヤ書一〇・二〇—二三。新共同訳）

預言者の働きは、ユダヤ教の展開の中で、その根本にかかわるのだった。なぜなら彼らは、神が誰であるかの新しい理解の形成にあずかったからである。彼らはまた、アブラハムや、モーセ、ダビデらの契約に関して新しい理解を示した。預言者はユダヤ的一神教——それはヤハウェ以外の他の神々の存在を否定する——の基本的原理を示した。さまざまな預言者が、ヤハウェの性格や、人類にたいするヤハウェの願いなどを詳しく語った。アモス――彼は、聖書の預言者の中で最初期の者である――は、神が歴史と自然を支配する方であると申し立てた。彼はヤハウェが普遍的な神であり、イスラエルだけではなく、すべての民族に心くばりする方であると述べた。アモスは、イスラエルには神の「法」にしたがう特別の責任がある、なぜなら、イスラエルは神によって選ばれた特権を有するからだ、と説いた。これらの考えは他の預言者、たとえば、イザヤや、エレミア、ホセア、ゼファニアらによって展開された。彼らは、神が聖なるものであり、人間を超絶するという考えを加えた。他方、彼らは、人類にたいする憐れみと愛のゆえに、神が人間に近いとも述べている。

預言者の神観念は、「倫理的一神教」と呼ばれたりする。これは彼らの観念が、善悪を問題にする神の「法」の部分に集中していることを意味する。彼らは、いかにしてヤハウェを礼拝するかを直截に考えた。彼らは、神が正義を欲すると述べている「法」の部分に集中した。預言者は、人間が基本的には罪ある者で、「法」の精神を破って神の怒りを買っていると信じた。彼らの見た幻の一つは、審判の日の到来である。その日、神はこの民族と個々の民を裁くために現れる。神は罪ある者とそうでない者を分かち、罰と報いを与える。「約束の地」からの捕囚は、腐敗堕落したこの民族がうけねばならぬ罰と見られた。義人の中に数えられるには、各人が、神の戒めにしたがい、道徳的に正しいことを行い、へりくだることによって、神をもとめねばならない。

預言者は審判の日を説いたが、同時に彼らは、神に選ばれた民が救われる希望も表明した。イスラエルは罪を犯し罰せられるが、神は、イスラエルの存続というご自身の約束を守られるであろう。神は「義しい残れるもの」を救い、平和と喜びのうちに、彼を「約束の地」に戻されるであろう。そのときその地には、神を知り神の正義を実践する者で満ち溢れる理想的な民族が暮らすであろう。エルサレムを都とするこの新しい民族は、他のすべての民族の「光」となろう。

預言者は、メシアが地上での神の僕《しもべ》として、新しい王国を支配する、と信じた。「ダビデ契約」により、メシアはダビデの家から興るであろう。メシアの性格は、預言者によって異なる。預言者の活動した時代によって、メシアは軍事的メシアであったり、平和の君であったりする。後の預言者は、メシアを神と人類の間の仲保者、正義と「法」の教師、新しい王国の祭司的、または霊的な指導者として見る傾向がある。

預言者の神観念は、それゆえに、遊牧的・部族的な民のヤハウェ信仰と王国のヤハウェ信仰を変えた。古代の諸観念は時代の実情に合わされ、他民族と共存する民族、すなわち捕囚の民族によって適切なより大きな原理になった。預言者たちの仕事は、ヤハウェへの信仰とヤハウェのイスラエルとの特別な関係が、イスラエルとユダの破壊後も、そしてまた、後の世代のさまざまな状況の中でも生きつづけることを可能にした。

捕囚

聖書の伝承は捕囚を、イスラエルにとっての第二の大きな体験として語っている。喜びの出来事だった出エジプトとは異なり、捕囚は、民族の罪にたいする罰の時期として語られている。捕囚から帰還できたのは、神の民が信仰の厳しいテストに合格し、神が彼らを赦されたからである。

捕囚期の資料は乏しいが、その限られた資料から、バビロニアの王ネブカドネザルが前五八七年にエルサレムを破壊したことが知られる。ネブカドネザルは、前五八二年までに、ユダの政治的・宗教的・精神的指導者を、かなりの数の住民とともに、メソポタミア地方の南部に連れ去っていた。これらの捕囚の民は、古代世界の中でもっとも裕福で強大な都市バビロンの近くの小さな共同体で暮らした。バビロンと比較すれば、エルサレムは、その盛時でさえも、洗練されてなく貧しかった。聖書は、バビロンのような繁栄を謳歌している民族を支配する神々と比較した捕囚の民が、ヤハウェの権能について疑問をもったことを示唆している。彼らはまた、神とイスラエルの間の契約の有効性について疑問をぶつけたりした。

王国時代以降の預言者のメッセージは、捕囚の民の疑問のいくつかに答えている。捕囚の期間中、預言者はイスラエルの新しいアイデンティティやご自身の民への神の期待が何であるかを定義する仕事をつづけていた。「第二イザヤ」として知られる預言者は、神の僕《しもべ》としてのイスラエルの役割を強調し、神がイスラエルを赦し救われることを強調した。預言者エゼキエルは、政治的なイスラエル——それはすでに破棄されていた——を、霊的なイスラエルに置き換えた。神殿やその他の破壊された建造物を中心としない生活の中で、エゼキエルは、神観念や神の約束を持ちつづけた。彼はユダヤ民族が「法」を厳守しなければならぬことを強調し、民が神へ従順であることを説いた。

このため、エゼキエルはしばしば「ユダヤ教の父」と呼ばれたりする。

捕囚期の共同体は、それ自身のアイデンティティを展開させた。民はシャバット（安息日）の規則を含む「法」を遵守し、形の整った礼拝を執り行った。共同体の祈りの礼拝がもたれたが、それはシナゴークの礼拝の先駆けになった。民の教育、なかでも若者の教育は新たな重要性をおびた。教育のためにイスラエルびとの伝承と歴史が書き写され、最終的にはヘブル語聖書の諸部分を構成することになる著作の中に集められた。

3　再興から現代まで

ユダヤ教の顕著な特徴は、苦難のときもそうでないときも、そのルーツ（根元）に固執することである。それゆえ、カナンからエジプトへ移った時代も、出エジプトと荒野時代も、カナン征服時代も、王国時代も、捕囚時代も、初期のユダヤ人はその基本的な信条によって一つにされた。ラビやその他の指導者も、ユダヤ教をその時代の状況に合わせることでこれを可能にした。

ユダヤ史の第二期は、ユダ部族がユダの地に再び住み着いたときにはじまる。この第二期は、ユダヤ人が世界各地に住み、ユダヤ教を実践している時代にまでおよぶ。今日、ユダヤ教は現代的な形で存在するが、それはユダヤ教が時代の試練に耐えてきたことを証明する。ユダヤ教にしたがう者たちは、離散し、彷徨し、新しい共同体や文化をつくり、途方もなく大きな挑戦に出会った。しかしユダヤ人は、その変化した状況の中で、「法」にしたがう道を新たに見つけようと共同で働き、そうすることによって、彼らの信仰の基盤を守りつづけてきたのである。

再興――ペルシア時代

聖書のエズラ記とネヘミヤ記が、再興時代に関する主要な情報源である。聖書外の資料から集められたペルシア帝国とその政策に関する知識も、この時代についての理解の一助になる。

前五三七年、メディア人とペルシア人の王キュロスは、バビロンを征服する。ペルシアの一般的な政策は、被征服民がペルシアへ貢納してその支配を受け入れるかぎり、彼らの自治を認めるというものだった。ペルシア人は、自民族を支配する法体系をもっていれば、その民族を自治可能な民族と見なした。バビロンに連れて行かれたユダの者たちには、その資格があった。前五三二年、キュロス王は捕囚の民に、彼らがユダと呼んだ土地のエルサレムへの帰還を認め、彼ら自身の法による自治を許した。

捕囚の民は、一部の預言者が想像したパラダイスとはほど遠い土地に戻って行った。エルサレムは荒廃し、敵対的な民族が新しい共同体を取り囲み、民は艱難辛苦をなめた。王国を再興し完全な独立を達成する希望は消え去った。しかし、この困難の時代にもかかわらず、共同体は神殿再建に腐心し、工事は前五一六年に終わる。この再建された神殿はユダヤ教史の中で「第二神殿」として知られる。この時期に、預言者のハガイとゼカリヤが、その中心をエルサレムの第二神殿におく新時代のメッセージを伝える者として、傑出した働きをなした。

神殿は完成したが、共同体には大きな活力が欠けていた。他の再建工事も遅々として進まず、共

第二次世界大戦後、ニューヨーク港に到着した年老いた難民夫婦。

同体の緊張は次第に弛緩して「法」を厳守しなくなった。聖書によれば、この二人の預言者は、この苦闘する共同体を再建し、それをより肯定的に生かそうと大きな影響力を行使した。ペルシア王の高官でユダヤ人だったネヘミヤは、エルサレムの城壁の再建許可を王から与えられ、共同体の直面する問題の解決に腐心した。バビロンから遣わされた法学者のエズラは、民に「法」を教えた。エズラは「法」を、共同体が「憲法」として受け入れるような仕方で、新しい状況に適合させた。これらの変革の結果、ペルシアはユダを法的共同体として認知した。

ユダは前四世紀までには繁栄期を迎え、その社会は、すべてが「法」によって治められた。古代の文書の転写や編纂の仕事は捕囚時代からつづき、聖書の「法」が今日の「トーラー」と同じ形をとった。共同体の日常語は、ヘブル語からアラム語に変わった。アラム語は当時の世界の国際語だった。

ユダだけが捕囚を体験した唯一の共同体ではなかった。エルサレムが前五八七年に陥落すると、預言者エレミヤの属する集団はエジプトに逃れ、その地で繁栄した共同体をつくる。しかし、捕囚時代の民から成り立つバビロンの共同体はとくに裕福で、影響力を行使するものになった。その成員の一部の者、たとえばネヘミヤや、エステル、モルデカイらはペルシアの宮廷で高い地位についた。ある意味で、ディアスポラのはじまりは、このペルシア時代においてである。それまでのイスラエルびと／ユダびとが一つの民族――われわれが今日ユダヤ人と呼ぶ民族――として際立つようになった。彼らは神殿の宗教的祭儀に与ることのできない共同体に住んでいたが、「法」を遵守した。そのため、その住む所がどこであれ、ユダヤ人は、ユダやエルサレムをその中心とする土地に住んでいるかによってではなく、ユダヤ教を実践しているか否かによって定義された。

ヘレニズム時代

諸種のユダヤ人共同体は成長し繁栄した。新しい共同体はアレクサンドロス大王の帝国の通商路に沿って生まれた。ギリシア語の「ディアスポラ」はこれらのユダヤ人センターを指して使用されたが、その多くは、エルサレムから遠く離れた所にあった。マケドニアの王で卓越した将軍でもあったアレクサンドロスは、前三三六年までの間に、古代中近東の大半を征服し支配した。伝説によれば、アレクサンドロス大王はユダヤ人を厚遇した。しかし、アレクサンドロスとその後継者の時代に、ギリシア文化は中近東に広がり、これがユダヤ教にとって大きな脅威になった。ディアスポラのユダヤ人は、彼らの日常語をギリシア語――それは当時の新しい国際語だった――に変えた。ギリシア語が日常語の中に入って来ると、ギリシア思想がユダヤ人の伝統的な信仰理解の中に入り込んできた。ユダヤ人の中には、導きをもとめてギリシア哲学に向かう者もいた。ヘブル語をもはや知らないユダヤ人の必要を満たすために、前三世紀に、ヘブル語聖書の「トーラー」の部分がギリシア語に翻訳された。後になって、聖書のギリシア語訳が「セプチュアギンタ」（七十人訳）と呼ばれた。

アレクサンドロスの将軍たちが帝国を分割したとき、ユダ――当時はすでにユーダエアと呼ばれていた――は、エジプトの支配者たち、すなわちプトレマイオス一族の手におちる。ついで、前一九八年に、アレクサンドロスの有能な将軍の一人、セレウコスの支配下におかれる。セレウコスは自分自身の王朝、セレウコス王朝を開く。ユーダエアやエルサレムでの反乱の脅威に対処するため、セレウコス王朝の支配者アンティオコス四世（エピファネース）は、ユダヤ教の実践を禁止し、ユダヤ人にヘレニズム（ギリシアの文化と宗教）を強制しようとする。彼はシャバット（安息日）の遵守や割礼を禁じ、それを犯す者を死罪に処した。「トーラー」の巻物は焼かれ、神殿の中には、ギリシア人の神ゼウスをまつる祭壇がつくられた。ユダヤ人と「法」にたいするたびかさなる侮辱が、マッカバイ軍と呼ばれるユダヤ人の集団に率いられた反乱を誘発する。マカベア書に記録されているように、マッカバイ軍はユダヤのために独立をかち取った。前一六五年、マッカバイ軍はエルサレムを攻略し、ヤハウェの祭壇を神殿で再奉献した。「ハヌカー」（奉献祭）――これは「光の祭」としても知られる――がこの勝利を祝う。マッカバイ一族の反乱の目的は、「法」の遵守にもとづく信仰に再び火をともすことにあった。この時代に生まれた文書の一つにダニエル書があるが、それは「法」に忠実な者を励まし、これから来る新しい時代の幻を語っている。

マッカバイ一族は――この一族は後にハスモン王朝として知られた――は、イスラエルの独立を回復し、宗教的自由を確立する。ユーダエアの新しい国家は、大祭司によって統治された。この新しい王朝のもとでのユダヤ人は、反ヘレニズムに徹したが、彼らは、台頭しつつあったローマの権力を最終的には巻き込むことになる時代の政治的策謀に巻き込まれた。彼らはまた、広く異なる政治的・宗教的見解をもついくつかの宗派に分かれていた。これらの宗派の中でもっとも有名なのがサドカイ派とパリサイ派である。

サドカイ派とパリサイ派は張り合った。サドカイ派は、トーラー、すなわち聖書の最初の五つの書のもつ宗教的権威を信じた祭司一族のメンバーであった。彼らはより進歩的なパリサイ派に反対した。パリサイ派、すなわち「分離主義者」は、モーセの書かれた律法であるトーラーをユダヤ人の生活に適合させるために使用した口伝の律法の精緻な体系を作り出した。サンヘドリンは、エルサレムが紀元後七〇年に陥落するまでユダヤ人の最高の統治評議会となったが、それは法規上の一切の決定のための中央的権威としてもうけられ、法規上のより複雑な問題やサドカイ派とパリサイ派の間の係争を解決した。

エッセネ派はユダヤでよく知られたもう一つの集団であった。彼らはこの世から隠遁したが、自らを厳しく律する者たちで、その数は約四〇〇〇であった。彼らはこの世の不浄によって汚されるのを嫌い共同生活を行った。一九四〇年代と一九五〇年代に、エッセネ派の修道院の遺構と古代の巻物の入ったいくつかの壺が、死海のほとりのクムランで発見された。死海文書として知られる、これまで見つかった最古の聖書のテクストであるこれらの文書は、エッセネ派の集団のものであったように思われる。

ローマ時代

前一世紀までに、ローマが国際舞台に登場してきた。イスラエルのユダヤ人は内部抗争に悩まされ、国家は弱体化してローマの介入を招くものになっていた。前四七年までに、イスラエルは「ユーダエア」(Judaea) と呼ばれ、ローマの支配に服した。ローマはペルシアのように他民族を支配した。ローマ総督がユーダエアでのローマの権益に目を光らせたが、国内政治はサンヘドリンとヘロデ一族の王(当時パレスチナを支配していたユーダエアの王朝)に委ねた。

ユダヤ教は、イエスによって創設された宗教であるキリスト教の誕生で新たな局面を迎える。キリスト教への初期の改宗者は、ユーダエアのユダヤ人だった。ついで、ディアスポラのギリシア語を話すユダヤ人の多くがこの新しい宗教を受け入れた。ユダヤ教の当局者の一部の者は、これらのユダヤ的キリスト教徒を異端と見なし、また他の一部の者は、この新しい信仰をユダヤ教の一分派と見なした。キリスト教は、この新しい宗教のユダヤ教的基盤を知らない多くの異教徒を急速に改宗させ、イエスの教えを熱心に説いた。初期の多くのキリスト教徒の目には、モーセの「法」の重要性が喪失したと映ったので、ユダヤ教のラビは、信心深いユダヤ人にたいして、「法」の遵守を強調することでこの新しい事態に応答した。

ユーダエアのヘロデ一族の王はローマの承認をもとめた。彼らのもとで、ユーダエアは、一連の反乱と宗教的衝突の後に崩壊する。もっともよく知られている反乱はローマの支配に反対するもので、それは、好戦的なユダヤ人セクトである「ゼーロータイ」（「法律に熱心なる者たち」の意）に率いられる。ローマ軍は六八年に反乱を鎮圧した。ゼーロータイの最後の砦はマサダであった。それは、死海の近傍の大きな岩場の上に建てられた要塞だった。歴史家のヨセフスはローマ軍によるマサダ包囲の模様を記述している。結局、ゼーロータイが最後に選ぶのは、ローマ人の手に落ちるのではなくて、自決することだった。七〇年、ティトスは第二神殿を破壊し、エルサレムを荒廃させ、そしてサンヘドリンを解体する。以後ユーダエアは、ローマの属州としてのみ存続する。一三〇年、皇帝ハドリアヌスは、エルサレムを異教徒の都アエリア・カピトリーナとして再建する。このため、バル・コホバの反乱が一三二―一三五年に起こったが、五〇万のユダヤ人が死んだ。ユーダエアの呼称は「シリア-パレスチナ」に改められ、ユダヤ人は異教の都になったエルサレムへの入城を禁じられた。禁を犯せば処刑された。

当時、ローマ帝国に住むユダヤ人は迫害された。キリスト教徒は、エルサレムの破壊とユダヤ人の敗北を、神が彼らを見捨てその恩寵をキリスト教徒に向けた証拠であると考えた。キリスト教は、三一三年にコンスタンティヌス一世によってローマの公認宗教になったが、ユダヤ人はまだローマ人の手で迫害されていた。

第二神殿の破壊に結びつく出来事やそれ以降の時代は、いくつかの点で、バビロン捕囚の時代の出来事に似ている。ローマ時代のこの「第二の捕囚」へのユダヤ人の応答は、バビロン時代やペルシア時代のそれに似ている。神殿破壊後の六世紀の間、ユーダエアのユダヤ人とディアスポラのユダヤ人は、彼らの共同体の中に再び引きこもった。彼らは、ユダヤ人としてのアイデンティティを保ちながら生きようとした。この時期のユダヤ教は「ラビのユダヤ教」と呼ばれたりするのが、それは現代のユダヤ教の宗派のルーツとなるユダヤ教の形態である。それは一群のラビ（「師」「教師」の意）によって形成されたもので、彼らの熱心な研究と文書活動は、七〇年からイスラームが中近東を征服した六四〇年までつづく。

「ラビのユダヤ教」は過去の遺産（「法」の実践とメシア待望）を引き継いでいる。メシア待望はつねに強かったが、メシアが開く新しい時代は遠い将来の出来事であるように見えた。実際、ラビの時代、このメシア時代――とその性格――は、ユダヤ人の間で徐々にしか問題にならなかった。この頃までにユダヤ人は、一つの指針として、またそれまでの歴史を教えてくれる文書資料として、ヘブル語聖書をもつに至った。しかし「法」の領域においては、その解釈と明確化の必要があった。彼らが、神が自分たちに要求されていると信じた献身的で従順な生活を、新しい状況の中で営もうとしたからである。

ラビは聖書を、神と「法」――それはシナイ山で神によってモーセに与えられたものである――について知るための権威ある文書資料として受け入れた。同時に彼らは、モーセが口伝の「法」をも受けたと信じた。この口伝の伝承は、聖書の書かれた伝承や、いかにしてそれを新しい状況に適合させるかについて、より多くの詳細を与えるものだった。ラビはこの伝承が、モーセからヨシュアへ、過去の他の偉大な指導者へ、預言者へ、彼らの父祖たちへ、そして最後にラビに受け継がれたと信じた。

敬虔な学僧であるラビは口伝の伝承を書き写しはじめた。それは、メシアの到来に備え、ユダヤ人に期待されるものが何であるかをよく理解するためであった。ラビ文書の最初のものは『ミシュナー』と呼ばれる。これは二〇〇年頃に編纂された、口伝にもとづく「法」の解釈集成である。このかなり短いテクストを拡大するために、パレスチナとバビロニアのラビは、『ミシュナー』の一連の註解を生みだした。これらの文書はゲマラとして知られている。このゲマラは、『ミシュナー』のたんなる説明ではなくて、さまざまな『ミシュナー』解釈者たちの議論や不一致を記録しているので、少しばかり複雑な資料となっている。そのため、ゲマラはトーラーや『ミシュナー』よりも権威あるものではない。この三つの要素、すなわち、トーラーと『ミシュナー』とゲマラが『タルムード』を構成するものとなるが、このうちの最初の二つの要素、すなわち、トーラーと『ミシュナー』が法の十全な力をもつのである。『パレスチナ・タルムード』は四〇〇年頃に編纂された。『バビロニア・タルムード』は五〇〇年頃につくられたが、こちらの方が後の時代のユダヤ人に大きな影響を与えた。『ミドラシ』と呼ばれる文書もあるが、それは、説教や聖書解釈の集成で、三〇〇年頃から六〇〇年頃の間に編纂された。トーラー、ヘブル語聖書の他の部分、『ミシュナー』、『タルムード』、そして『ミドラシ』が、後の時代のすべてのラビ的ユダヤ教の基本文書になり、今日に至るまで、ユダヤ人にとって権威ある典範になっている。

ラビのユダヤ教から近代まで（六四〇―一四九二年）

ユダヤ人は異なる慣習や風習の国々で暮らしていたので、ラビ的な生き方にも変異《ヴァリエーション》がついていた。しかし、イスラームの宗教と支配が中近東や北アフリカを圧倒するようになったとき、ある種の一体化もユダヤ教内部で起こった。これは七世紀の出来事である。八世紀の中頃、イスラーム支配の首都は、シリアからバグダードに移った。バグダードは以後、イスラーム教徒にとってばかりかユダヤ教徒にとっても、権威と法規の中心になる。『バビロニア・タルムード』は、この地域やその影響下の土地に住むユダヤ人の生活を導いた。ユダヤ人は、共同体をつくると、イスラームの政治的権威のもとに暮らすすべての同胞に『バビロニア・タルムード』の影響を広めた。その結果、国や、慣習、社会的秩序の違いにもかかわらず、ラビのユダヤ教は、この広大な地域に住むユダヤ人を一体化する力に成長した。

イェシヴァ（法規研究の学院またはセンター）は、ユダヤ教を一体化することにおいて、もっとも重要な役割をはたした。イスラームの支配する前、三つのイェシヴァが存在した。一つは『パレスチナ・タルムード』の編纂されたパレスチナにおいて、二つは『バビロニア・タルムード』の編纂されたバビロニアにおいてである。イェシヴァは、宗教的権威の中心だったので、イスラーム勢力がバグダードを中心にしていたとき、ユダヤ教の宗教的権威は、その他のイェシヴァを中心とした。ガオーン（イェシヴァの学院長）は、「ハラハー」（法規）についての文書を書いたり配布したりして、ユダヤ教を一体化させる新たな試みをした。そのための最初の手続きは、法規に関する質問事項に回答する「テシュヴァー」と呼ばれる方法であった。イスラームの支配する世界各地のユダヤ教のセンターでは、このテシュヴァーが「法」を解釈するユダヤ人の助けになった。多くのユダヤ人共同体のシナゴーグで、テシュヴァーの中での回答が朗読された。これはその回答とバグダードのガオーンに宗教的・法的権威を与えた。「タッカナー」(法規改正)もまた、この権威を強めるもう一つの手続きないしは手段であった。これらの新しい法規(現行法規の改正されたもの)が『タルムード』を新しい生活環境に合致するものにした。

バグダードのイェシヴァの学院長たちも、『ミシュナー』や『タルムード』の註解を著わした。彼らはしばしば、その註解の中で、彼らの知識や知恵の源泉をヤハウェやモーセの時代にもとめた。彼らは、自分たちの典拠が神的なものであることを強調して、より大きな敬意と権威をわがものとした。これらのイェシヴァの学院長たちは、裁判官を養成し認証したりして、その宗教的・法的影響力を強化した。彼らはまた、法規研究のための講義を行った。この講義を受けた者は敬意と権威を得たが、それは、宗教法を解釈する彼らの技術が最高位のラビの権威に由来し、またそこから育ったからである。一一世紀のはじめまでに、彼らは、法規解釈の所定の手続き様式を、中近東や北アフリカにあるユダヤ教のすべてのセンターにもたらした。

この時期のユダヤ文化の主要なセンターの一つは、現在の北アフリカのチュニジアの首都カイルワーンであった。ユダヤ法規を研究する学院が、九世紀の終わりまでに、カイルワーンにおかれた。

それは『バビロニア・タルムード』の伝統に連なる学院である。一〇世紀になると、その著名な指導者フシェルの影響が認められはじめる。彼は『パレスチナ・タルムード』の影響がきわめて強かったイタリアからやって来たようである。イッハク・アルファシの率いた『バビロニア・タルムード』のセンターも、一〇世紀や一一世紀に、今日のモロッコのフェズで隆盛した。

一〇世紀のエジプトでも、ユダヤ人の独立したセンターが存在した。この共同体はやがて『パレスチナ・タルムード』の影響を、ついで『バビロニア・タルムード』の影響を受ける。エジプトのカイロは、モーゼス・マイモニデスが一一六五年頃にやって来ると、従来以上に重要なユダヤ教の学問センターになった。彼は有力なユダヤ法規の学者だったので、ユダヤ教の法規教育の教材に、『バビロニア・タルムード』ではなく、彼自身の法規体系である『ミシュネー・トーラー』（法律の再説）を使用することができた。マイモニデスの影響は、ユダヤ教のこのセンターにおけるバビロニアのガオーン（宗教の法規の指導者）に忠実だった長い歴史をもつイェーメンにまで広がった。やがて、この『ミシュネー・トーラー』が、イェーメンのユダヤ法規の範典になった。『ミシュネー・トーラー』を含むマイモニデスの著作に関する多くの註解書は、彼がこの地域で大きな影響力をもっていたことを物語る。

マイモニデスの影響は、『バビロニア・タルムード』の伝統との断絶を示す。ユダヤ教のカライ派は、この断絶をさらに深めた。実際、彼らは口伝の「トーラー」を完全に否定し、聖書だけを典拠とした。ある意味で、カライ派はラビのユダヤ教にたいして完全な離反を試みたのである。カライ主義は、イスラームとユダヤ教の影響の中心だったバグダード批判から起こったように思われる。カライ主義は、ユダヤ教の中で興ったものだが、その現代版は、反ラビ主義の運動の性格をおびている。実際、八世紀に、カライ派の反乱がイランで起こった。その指導者アナン・ベン・ダウィドは、ラビのユダヤ教に反対するユダヤ人の共同体をつくる。「トーラーを徹底的に調べ、他のいかなる見解にも頼ってはならない。」これは彼の言葉とされる。書かれた「トーラー」へのこの信頼からだけで、それは一〇世紀までに、ラビのユダヤ教に対抗するものへと発展する。影響力は、一一世紀と一二世紀にイランで頂点に達した。

ユダヤ教は、中近東や北アフリカに限定されなかった。ギリシアやローマの古代の数多くのシナゴーグから、ユダヤ教がすでに一世紀や二世紀に南ヨーロッパにおいて見いだされていたことが知られる。イベリア（ポルトガルとスペイン）が八世紀初頭にイスラームに征服されたとき、この征服は、ユダヤ人に、新たな移動の世界を開いた。一〇世紀までには、イベリアのユダヤ人は二五万を数えた。

イベリアのユダヤ人は、長い間、バビロニアのユダヤ人の宗教や法規の体系にしたがっていた。スファラディ（これはイベリア人を意味するヘブライ語）系のユダヤ教と呼ばれる、この共同体のユダヤ教は、一一世紀後半のフェズのアルファシや、エジプトに向かう（一一六五年頃）前のモーゼス・マイモニデスの影響を強く受ける。この二人は、スペイン-ポルトガル系のユダヤ教に濃厚な哲学的色彩を与え、ユダヤ人の歴史の中で哲学の黄金時代をつくった。マイモニデスの『迷える者

贖罪の日の終わりにショファール（雄羊の角笛）を吹くカントル。（コーチンのシナゴーグ）

のための手引き』は、この時代のユダヤ側の最高の哲学書である。ユダヤ教のこの思索面を共有するのは、他にも一一世紀のイブン・ガビロルの著作、一二世紀のモシェー・イブン・エズラの聖書註解書、一四世紀のレビ・ベン・ゲルショムや一五世紀のハスダイ・クレスカスの哲学書などがある。スファラディ系のユダヤ人世界のこの哲学的思考は、「カバラー」と呼ばれるユダヤ教の神秘主義の中でさまざまに展開する。カバラー学者は「トーラー」の奥義（隠された真理）を考究した。フランスやイタリアに住むより伝統を重んじるユダヤ人は、スファラディ系のユダヤ人の哲学的思考に反対した。

九世紀のはじめ、カール大帝が現在のヨーロッパの中央や西の大半を支配していた。当時の彼の経済政策は、カロリング王朝における、そして後にはドイツ帝国におけるユダヤ人の商業活動を奨励した。これらのユダヤ人共同体は、他の地域の大きな結束した共同体から切り離されていたために、新しい生き方をつくる必要があった。彼らのアシュケナージ系のユダヤ教（ドイツ型ユダヤ教）は一二世紀の二つの大きな力の影響を決定的に受ける。第一は、ハシディームの運動である。ハシディームは、本来、（もっとも高い宗教的・道徳的基準を維持した）宗教的なユダヤ人の小さなグループとしてはじまった運動である。ハシディーム（敬虔主義）の影響は、その狭いサークルの外にもおよび、ドイツや西ヨーロッパにおけるユダヤ教の敬虔の中心的な型になった。アシュケナージ系のユダヤ教の展開に影響を与えた第二の力は、一一世紀後半の偉大なラビ、ラシによる聖書と『バビロニア・タルムード』の註解である。その註解の中で、ラシは地中海世界の『タルムード』の伝統を、ラテン・キリスト教圏に住むユダヤ人の慣習に結びつけようとした。彼の手になるものはより複雑な形の法規である。この新しい形の法規は、ハシディームの隠棲的な生き方と相まって、スファラディ系のユダヤ教をアシュケナージ系のユダヤ教に変えた。アシュケナージ系のユダヤ教は、ドイツ語系の言語であるイディッシュ語を含む独自の伝統をつくることになる。

しかし、アシュケナージ系のユダヤ教は穏やかに展開したのではない。一一世紀から一三世紀にかけて、キリスト教の十字軍が西方イスラーム世界の「キリスト教」聖地を奪還しようと遠征した。本心からすれば、十字軍兵士の大半は、聖地を浄める自分たちの努力をかえりみたとき、自分たちの足元からはじめ、身近かな所に住む不信仰なユダヤ人を一掃することの方が先決だと思ったであろう。後になって、一三四九年に黒死病《ペスト》が発生したが、その災禍の原因を説明するのに、「ユダヤ人である」という以上の納得できる理由は見いだせなかった。キリスト教徒は、ユダヤ人がこの災禍の原因であるとして彼らを攻撃しはじめ、ヨーロッパ各地の井戸に毒を投げ込んでいると告発した。ユダヤ人は、そのような憎しみの対象になったとき、北フランスやドイツを追われ、東のボヘミアや、モラビア、ハンガリー、ポーランド、リトアニアに移動した。これらすべての地域において、アシュケナージ系のユダヤ教は長い迫害のおぞましい現実から硬直した。

この時期、ヨーロッパの外でも、数多くのユダヤ人共同体が生まれる。エチオピアでは、ファラシャ（「流浪する者」の意）と呼ばれる黒い肌のユダヤ人共同体が、南アラビアからのユダヤ人の流入で、六世紀のはじめにその数を増やしていた。ファラシャの起源は四世紀以前に遡る。七一八年に書かれた記録は、中国の新疆ウイグル自治区にユダヤ人共同体が存在したことを示している。河南省の都市、開封の最初のシナゴーグは、一一六三年に遡る。一〇世紀には、ボハラやサマルカンド（ウズベク共和国東部の都市）にユダヤ人が住んでいた。コーチシナ（もとインドシナ南部地域）のユダヤ人たちが所有した青銅の銘版（一〇〇〇年頃）は、その地方のユダヤ人が土地や特権を与えられていたことを示している。ユダヤ人の大半は中近東や、北アフリカ、スファラディ系やアシュケナージ系の土地に住んでいたが、彼らとは別個の集団も、世界の他の地域に見られたのである。

一四九二年から啓蒙主義時代（一七八九年）まで

一四九二年は、ユダヤ人がスペインから追放された公式年である。しかし、この「出スペイン」は、一三九一年のもろもろの強制ではじまっていた。スファラディ系のユダヤ人は、絶えず暴力を加えられていたため、キリスト教に改宗するか、自分たちの宗教を否定せずに殉教するか、逃亡するかの道を選ばねばならなかった。一三〇六年や一三九四年のフランスのユダヤ人や、一四九七年のポルトガルのユダヤ人の場合も同じだった。この試練の時代、多くのユダヤ人がキリスト教への改宗を強制されたが、彼らはユダヤ的慣習を秘かに持ちつづけた。彼らはマラーノと呼ばれた。キリスト教の当事者にとって、キリスト教への改宗が本物であるかどうかを見極めるのは困難であった。一四七八年から一四九二年までつづいたスペインの異端審問の目的の一部は、この判断を下すことであった。この審問のため、マラーノは迫害され、彼らは南フランスに逃げてユダヤ人でないことを装うか、トルコに逃げてキリスト教徒でないことを装うか、イタリアに逃げてユダヤ教徒かキリスト教徒として生きる道を選択するか、哲学者バルーフ・スピノザの家族の場合のように、寛容なアムステルダムに逃げるかしなければならなかった。キリスト教に改宗しなかったり、逃げることを選択したスファラディ系のユダヤ人の大半はイスラームの世界に戻った。

　イスラームの開祖ムハマンドは、ユダヤ人も「経典の民」であることを理由に、彼らの保護を保証した。しかしこの保証は、ユダヤ人がイスラームの土地で下層市民として生活することを条件とした。実際、この条件のもとで、彼らのシナゴーグは目立つものであってはならない、彼らは他の市民から区別される服装を身につけねばならない、彼らは特別税を払わねばならないとされた。一三九一年、こうした状況下のスファラディ系のユダヤ人が大挙してアルジェリアに向かう。彼らは、その地で何世紀もつづいてきた土着のユダヤ人共同体に出会った。スファラディ系のユダヤ人は、教育程度が高くその数も多かったために、また文化的誇りも高かったために、アルジェリアのユダヤ教の指導的地位についた。一四九二年に、一五万以上のユダヤ人がスペインを去ったが、その大半はモロッコに向かう。このスファラディ系のユダヤ人はやがて、土着のユダヤ系モロッコ人の沈滞気味のユダヤ教の指導的立場に立った。

　一四九二年の前のある時期に、トルコはユダヤ人を歓迎する、という噂がユダヤ人の間に広まっていた。彼らは迫害を回避するために、大挙してトルコに押しかけた。その際、彼らはそれまで暮らしていた土地の慣習を携えた。実際、当時のイスタンブールやサロニカでは、四〇以上の異なるユダヤ人シナゴーグが存在し、それぞれが出身地の伝統を尊重していた。

一六世紀のトルコは、ユダヤ文化の大いなる再興を見たが、それはスファラディ系の影響下のものである。この共同体の言葉は、圧倒的な数を誇るスファラディ系のユダヤ人の言葉「ラディーノ」（ヘブル語や、トルコ語、スラブ語の語彙の入り交じったカスティリヤ地方のスペイン語）であった。イスラーム支配下のすべてのユダヤ人がトルコにおけるユダヤ教の再興にあずかったわけではない。ペルシアに移り住んだユダヤ人は、とくに苛酷な差別法のもとにおかれた。トルコのユダヤ人の成功は長くはつづかなかった。一八世紀のアラブやトルコの土地に住むユダヤ人は貧しく、攻撃にさらされ、貶しめられ、そして不安定だった。

イタリアのような寛大なキリスト教国に逃れたスファラディ系のユダヤ人は、一世紀前にやって来たアシュケナージ系のユダヤ人によって強化された伝統を誇る、ユダヤ人共同体をつくった。イタリアは異なる形態のユダヤ教の坩堝《るつぼ》になり、新参のスファラディ系の共同体がその出身のカスティリヤ地方や、バルセロナ地方、カタロニア地方、プロヴァンス地方の伝統をそれぞれ保持した。一六世紀のローマには九つのシナゴーグがあり、それぞれが異なる伝統を重んじていた。しかし、この寛容は長くつづかなかった。一五五三年には『タルムード』が焼かれ、一五五五年には、イタリアの都市国家はゲットーをつくり、ユダヤ人は、識別や規制のために、そこに追いやられる。

スファラディ系のユダヤ人の中には南アメリカに逃れた者もいたが、スペインやポルトガルの支配下の土地では、迫害がついてまわった。ブラジルのレシフェがオランダ人によって攻略されたとき、そこはユダヤ人にとって安住の地になった。しかし、オランダ人は一六三〇年から一六五四年までしか支配しなかった。ポルトガル人がその町を再び手にすると、ユダヤ人はオランダに逃げもどるか、ユダヤ人共同体のあった西インド諸島や、ニュー・アムステルダム（ニューヨーク）に難を逃れるかした。スファラディ系のユダヤ教が合衆国の小さなユダヤ人共同体を支配したが、その状態は、はるか後の一八八一年にアシュケナージ系のユダヤ人が大挙して移民してくるまでつづいた。この早い時期のスファラディ系のユダヤ人は、アシュケナージ系のユダヤ人よりもはるかに高い教育を受けており、概して洗練されていた。

ドイツや、ボヘミア、モラヴィアなどの多くの都市を追われたアシュケナージ系のユダヤ人は、東方のポーランドに向う。商業が発達し宗教的に寛容だったことから、ポーランドやリトアニアに移り住むユダヤ人もいた。商業と手仕事が、この地方のユダヤ人の主要な職業となった。ユダヤ人の数は、一七世紀の中頃までには、三五万人にも膨れあがっていた。彼らは、ポーランドの歴代の王の支配のもとで、法的に強力な自治を享受した。とはいえ、一六世紀や一七世紀のその地域における彼らの生活には、深刻な問題がなかったわけではない。反宗教改革の措置の一つとして、カトリック教会が、一六世紀後半に、多数のユダヤ人をポーランドの都市から追放したからである。一七世紀中頃に起こったウクライナ地方のコサックの反乱は、ウクライナ在住の多数のユダヤ人を殺害し、残りの者をその地から追いだした。

キリスト教やイスラーム世界の各地に住むユダヤ人は、スペインを追われた一四九二年から一八世紀の啓蒙主義の時代まで、非常に困難な時代を生き抜いた。彼らは、とくに一六世紀に、アルジェリアや、モロッコ、トルコにおいて、またイタリアやポーランドにおいて、共同体をつくるのに大きな成功をおさめた。しかし、一七世紀や一八世紀になると、世界各地で、ユダヤ人の試練や苦難は増し加わる。解放をうたったヨーロッパの啓蒙主義が新たな希望をユダヤ人にもたらしたのは、驚きではない。

啓蒙主義時代から第一次世界大戦まで（一七八九—一九一四年）

フランス革命の起こった年は、近代のユダヤ教の歴史にとって象徴的な年である。それは、多くの苦難をもたらした旧体制の終焉を意味するだけではなかった。それは、ユダヤ人にとって、新しいさまざまな可能性を秘めた体制のはじまりでもあった。フランスや、ドイツ、イングランドのような近代国家は世俗化、つまり宗教的に中立化しつつあった。寛容は時代の波であった。偉大なユダヤ人思想家たち、たとえばモーゼス・メンデルスゾーン（一七二九―八六年）らは、ユダヤ教がこの世俗的世界においてキリスト教よりも栄えると信じた。この希望は、彼や他の者たちが予想した仕方では実現されなかった。たとえば、イスラーム世界において、解放は近代的で世俗的な考えや技術をもたらした。はからずもこれを促進したのは、ヨーロッパの外にいる貧しい教育のない同胞を助けようとした近代ヨーロッパのユダヤ人の教育的努力だった。ところが、イスラーム世界は次第に民族主義的になっていった。この新しい解放がヨーロッパからのものだったので、ユダヤ人は外国人と見なされ、イスラーム社会に十全に受け入れられることは決してなかった。そのため、アルジェリアや、モロッコ、その他のイスラーム地域のユダヤ人共同体の大半は消滅するか、きわめて小さなものになった。

フランスは、一七九六年から一七九八年までと、一八〇〇年から一八一五年までの期間、イタリアを占領したが、そのためイタリアの都市国家に住むユダヤ人は解放される。この占領期間中、教育の門戸が開かれ、なかでもユダヤ人の礼拝の慣習を跡づけたりする学問研究が盛んに行われた。しかし、この啓蒙主義運動の非宗教的な傾向は、より多くのユダヤ人が世俗的文化に同化するにしたがい、ときにユダヤ人共同体の生活を堕落させ、宗教的慣習を放棄させることもあった。

フランス革命後のゲルマン世界においては、ユダヤ人が二つの性格を異にするグループに分裂する傾向にあった。一つはより世俗化したエリートのグループで、他の一つはイディッシュ語を話すより伝統的で宗教的なグループである。ドイツやオーストリアにおいて、社会的に高い地位についたユダヤ人は、イディッシュ語を捨ててドイツ語を使い、ユダヤ教の大部分を、伝統ばかり重んじる非文化的なものと見なして拒否した。このグループからは、改革派（リフォーム）型のユダヤ教や新正統派（ネオ・オーソドックス）型のユダヤ教が展開する。それは、ユダヤ教の民族主義的性格を軽視し、逆にユダヤ教に内在する普遍的な価値を強調した。これらの形態のユダヤ教は、より広い世俗社会の中へ受け入れられ同化することを目標とした。とはいえ、ガリキアのオーストリア領においてや、ポーランド、リトアニア、ロシア、ハンガリーなどにおいては、伝統的なユダヤ教の強い要素が、とくに都市部や農村部のより貧しくて教育のないユダヤ人の間で生き残った。モウシェー・ソフェール（一七六二—一八三九年）は、伝統の復興運動を興し、「新しいものはすべてトーラーによって禁じられている」と主張した。

ブラジルのレシフェからニュー・アムステルダム（ニューヨーク）に移り住んだユダヤ人の小さなグループは、小規模な移民の流入によって、その数を少しずつ増やし、ニューポートや、フィラデルフィア、チャールストン、サヴァンナ、ボルティモア、リッチモンド、ボストンなどで共同体を形成した。一部の者は、さらに西のシンシナチや、セントルイス、ニューオリンズなどに向かいさえした。彼らは次第にアメリカ化され、一八八五年までには、アメリカのユダヤ人の大半は改革派の会衆になった。一八八一年には、大量のユダヤ人移民がオーストリアや、ポーランド、リトアニア、ロシア、ハンガリーなどから合衆国やカナダに入りはじめる。彼らの大半は、勤勉だが貧しくて教育のない者たちだった。三〇年ばかり後の第一次世界大戦の勃発前までに、一一七万五〇〇〇のユダヤ人亡命者が到着し、正統派（オーソドックス）の信仰や慣習を持ち込んだ。その結果、ユダヤ人世界における分裂、とくにドイツにおける改革派と正統派のユダヤ人の間の分裂が、新世界においても新たに顕在化した。正統派のユダヤ人は、圧倒的な多数者になった。改革派のユダヤ人は、数において少数者に転落したが、彼らは、教育水準の高い、都会的な、成功者であった。一八八一年から第一次世界大戦までのアメリカにおけるユダヤ人の歴史は、宗教的伝統にこだわりながら、新しいアイデンティティをもとめる民族の物語である。この新しいアイデンティティは、彼らの「ユダヤ性・ユダヤ人らしさ」(Jewishness) を具現するさまざまな仕方で獲得された。

第一次世界大戦から現在まで

第一次世界大戦後しばらくして、合衆国政府は、移民の「年間入国割当数」(クォーター)に関する法案を可決し、アメリカに入国する移民の数を制限した。当時のユダヤ人は、ドイツでかま首をもたげはじめていたアンチ・セミティズム〔反ユダヤ主義〕から逃れようとしていたが、割当数が低くされたため、南アメリカや、カナダ、その他の国々に亡命先をもとめた。第二次世界大戦中のもっとも衝撃的な出来事はホロコースト、すなわちドイツの独裁者ヒトラーとナチ政府によるヨーロッパのユダヤ人の大量殺戮である。殺戮された六〇〇万という戦慄すべき数の背後にある恐怖は、アムステルダムで家族とともに隠れているところを発見され、ナチの手で殺されたオランダの一少女の書いた『アンネの日記』の中で描かれている。エリ・ヴィーゼルや、プリーモ・レーヴィ、その他多くの者たちの著作も、ホロコーストについての彼ら自身の体験を語る。ヴィーゼルは、その小説『夜』の中で、ナチの強制収容所で過ごした最初の夜について次のように書く。

あの夜のことを
収容所での最初の夜のことを
わたしは決して忘れはしない。

それはわたしの生涯を長い夜に変えた。
七度呪われ、七度封印された。
あの煙のことを
わたしは決して忘れはしない。
子供たちのおさな顔を
わたしは決して忘れはしない。
わたしが目にした彼らの肉体は、
物言わぬ青い空の下で、
煙の輪になった。

これらの子供や大人たちの死は、ユダヤ人世界や非ユダヤ人世界を震撼させた。第一次世界大戦後のドイツで——ドイツ市民は彼らの敗北の原因を転嫁するために「身代わりの山羊」を捜そうとしていた——猖獗をきわめたアンチ・セミティズムでさえ、この恐怖を説明することができなかったし、強烈な民族主義が要求したポーランドのアンチ・セミティズムも、このような残酷を想像する準備ができていなかった。

ナチ・ドイツでの出来事は、世界中のユダヤ人を衝撃のどん底に突き落とした。ヨーロッパに住むほとんどすべてのユダヤ人が殺された。殺されずにすんだユダヤ人の多くは、他の土地に亡命先

アメリカの軍事病院で治療を受けるため、
ブッヒェンバルト収容所を出るユダヤ人。

第二次世界大戦でのユダヤ人の死者数（概算）

ポーランド	285万
旧ソ連邦	150万
ルーマニア	42万5000
ハンガリー	20万
旧チェコスロヴァキア	24万
フランス	9万
ドイツ	11万
オーストリア	4万5000
リトアニア	13万
オランダ	10万5000
ラトヴィア	8万
ベルギー	4万
ユーゴスラビア	5万5000
ギリシア	6万
イタリア	1万5000
ブルガリア	7000
デンマーク、ノルウェー、ルクセンブルク、エストニア	5000
総数	595万7000

をもとめた。ヨーロッパでの定住先はイギリスかフランスであったが、より望ましい場所は、新生イスラエルかアメリカであった。民族主義が戦後のアラブ諸国で勢いをつけると、多数のユダヤ人がそれらの土地を去った。アルジェリアのユダヤ人は、彼らを歓迎するフランスに向かった。早い時期に逃れることをしなかったモロッコのユダヤ人は、イスラエルを選んだ。戦争の終わりにイスラーム諸国に住んでいたユダヤ人の一〇パーセント足らずの者は、今日でもそれらの国々に住んでいる。小規模な共同体がモロッコや、イラン、トルコなどに存在するが、一九四八年以降、百万以上のユダヤ人が、アラブの土地を離れてイスラエルや西側諸国に向かった。

イタリアのユダヤ人は、第二次世界大戦の体験から立ち直った。これはとくにローマやミラノのような大都市について言える。スペインのユダヤ人は、一九六六年に平等の権利を約束され、「追放令」――これは戦争の遺物だった――は、一九六八年に撤回される。およそ一万のユダヤ人が、その大半はスファラディ系のユダヤ人であるが、その地に定住している。千人たらずの小さな共同体もポルトガルにある。

この再定住の時期、ユダヤ人にとって、二つの最強のセンターは合衆国とイスラエルであった。合衆国は、一八八一年から第一次世界大戦後までの間、膨大な数の移民を引き寄せた。この移民の数は、一九二一年と一九二四年の厳しい移民法のために少しずつ減少し、多くのユダヤ人がカナダや、中央アメリカ、南アメリカに向かった。しかし、第二次世界大戦後、アメリカのユダヤ人共同体はアメリカ社会の内部で力と、地位と、影響力を高めた。ホロコーストの出来事は、アメリカの共同体における「ユダヤ性」の意識を強め、そこから救済活動のための資金調達機関が生まれ、ユダヤ系の宗教色のある学校が各地につくられた。

イスラエル国家は、シオニズム運動――パレスチナにユダヤ人国家を再建する運動――のプロジェクトとしてはじまった。このプロジェクトは、一九世紀に東ヨーロッパではじまり、テオドール・ヘルツル（一八六〇―一九〇四年）やアシェル・ギンズバーグ（一八五六―一九二七年）の著作を介して、大きな進展と国際的認知を見る。ヘルツルとギンズバーグは、この運動の目標について異なる見解をもっていた。ヘルツルにとって、そのような「民族的郷土」（ホームランド）は、アンチ・セミティムズの強い国々からユダヤ人を救い、彼らに経済的成功を収めるより大きな機会を与えるものであった。ギンズバーグは、そのような民族的郷土の文化的なメリットを強調し、そこではユダヤ人が自らのアイデンティティを曖昧にすることなく、西欧的価値観をもって生活できるとした。しかし、数多くの宗教的ユダヤ人は、彼らの努力を賞賛しなかった。彼らはその計画を世俗的（非宗教的）なユダヤ人国家の建設と見なしたのである。

しかし、そうした反対にもかかわらず、シオニストたちの夢は、ホロコースト後に結実することになった。ホロコーストの野蛮さ・残忍さに衝撃を受けた世界の世論は、国々を追われたユダヤ人が自らのアイデンティティを見いだすことのできる土地にたいし、次第に理解を示しはじめた。このシオニストたちの夢は、イスラエル国家が創建された一九四八年に実現された。世界中の多くのユダヤ人が、ロシアから、モロッコから、エチオピアから、イラクから、生き残ることのできたヨーロッパの共同体から、いや全世界から、新しいユダヤ的な生き方を試みるために、この新生イスラエルに集まった。実際、多くのユダヤ人がイスラエルにやって来た。ある者は共同農場のキブツで働き、ある者は健全な産業の育成に参加している。すべてのユダヤ人がイスラエルを強力で近代的な国家にするために寄与した。

宗教的な文脈では、イスラエルの国と宗教としてのユダヤ教は区別し得るものである。実際、イスラエルの人口の八〇パーセントがユダヤ人であり、一五パーセントがイスラム教徒、約二パーセントがキリスト教徒である。イスラエルのユダヤ人の大半は自分たちがとくに宗教的であるとは申し立てないであろう。統計的に言えば、彼らのうちの二五パーセント足らずが自らを正統的ユダヤ人と見なしており、それ以上の数の者が、程度の差こそあれ、ユダヤ教の信仰や実践にしたがっている。その歴史を通じて、ユダヤ人は、パレスチナの土地を、たんに彼らの父祖たちの土地としてではなく、神の契約の子らであるアブラハムの子孫への神により約束された土地と見なし、それとの結び付きをつねに覚えてきた。今日でさえも、その信仰と伝統のため、世界に散らばるユダヤ人の中には祖国への帰還を望む者が多い。

政治的な文脈では、イスラエルの国は途方もなく大きな挑戦に直面している。イスラエルはアラブ世界にある政治的な「島」である。それは地中海の東海岸に位置しているが、エジプト、ヨルダン、シリア、レバノンに取り囲まれている。その領土の一部は、アラブ系のパレスチナ人によって自分たちのものであると申し立てられている。彼らもまた、一九二二年に国際連盟によってパレスチナの委任統治権がイギリスに与えられる前にパレスチナの土地の大半部分に住んでいた。国連は、一九四七年に、イスラエルの国とアラブの国を別個につくることを呼びかけることで、イギリス当局と、ユダヤ人定住者、アラブ系パレスチナ人の間の衝突を解決しようとした。イスラエルの国は翌年樹立された。しかし、それ以後も、アラブ系の近隣の者たちとの衝突はつづいており、政治的な安定は今日までつねに脅かされている。

4　ヘブル語聖書

イスラーム世界では、イスラーム教徒、キリスト教徒、それにユダヤ教徒は「経典の民」と見なされている。もちろん、経典とは聖書のことである。ユダヤ人にとって、聖書とはヘブル語聖書のことであり、それはキリスト教徒の旧約聖書である。それこそは、この三つの宗教が共有する経典である。たとえ、それぞれの伝統がこの経典を読む仕方が異なっていてもである。

聖書はどのようにして一書になったのであろうか。ヘブライ民族の伝承は、最初、口頭によって伝えられた。それは書かれていなかった。アブラハムや、モーセ、イザヤやエレミヤのような預言者の物語は、彼らの生涯における重要な出来事を朗唱することで、次の世代に伝えられた。今日大半の学者は、これらの伝承の一部は、紀元前九五〇年頃に文書の形を取り始めたと考える。

イスラエルの十二部族が王国のもとで統一されたとき、物語を書く必要が明白になったにちがいない。口伝で語り伝えられた十二部族の種々の歴史は、新たな政治的統一にふさわしい統一化を必要とした。後になって、統一王国が二つの王国に分裂すると、ユダヤ民族の歴史のさまざまな側面を説明するもう一つの書かれた記録が北王国で形をとりはじめた。北王国が前七二一年にアッシリアの手に陥ちると、北王国の住民は離散し、共同体の外の者と結婚しはじめた。彼らは自分たちの物語との接触を失い、ユダヤ民族の伝統を放棄し、共同体としての彼らは消滅した。前六三〇年頃、ヨシヤに率いられた南王国の住民は、神殿の中で発見された「トーラーの巻物」の写しにもとづいて宗教改革に着手しはじめた。南王国の住民はそのとき、民族としての彼らの物語がより明確な形で書き記される意義と、神との契約を忠実に履行する重要さを思い知らされた。彼らは、これだけが南王国を、北王国の住民に見舞った運命から救うことになると信じた。ヨシヤの改革と神との契約の新たなる履行がユダの住民を、共同体を中心として存続させ、前五七三年から五二一年までの捕囚の時代でさえ、力と結束を彼らにもたらした。祖国へのユダ部族の帰還と神殿再建は、自分たちの歴史を新しい目で見ることを可能にし、彼らは第四の書かれた伝承をつくりだした。これは、神殿と神にたいしてなされるべき礼拝を中心とするものだった。それゆえ、ヘブル語聖書がこうした仕方で生まれたと考える学者によれば、四つの異なる書かれた伝承が存在したことになる。それぞれの版が、異なる時代の異なる環境でのユダヤ民族の物語を伝える。彼らの歴史についての、これら書かれた四つの版がすべて、前四〇〇年頃にまとめられてヘブル語聖書になった。

神の啓示としての聖書

ユダヤ民族の伝統はヘブル語聖書を、神の意志の啓示として受け入れる。それは長い期間にわた

過越の祭のとき、エルサレムの西の壁で祈るユダヤ人の男たち。彼らは祈りのショールをはおっている。

って、預言者として知られる神の霊感を受けた者に伝えられたものである。ユダヤ人にとって、これらの聖なる文書に含まれている物語は、一民族の試練と彼らの戦い、彼らの彷徨、彼らの捕囚のたんなる記述ではない。それは、生きることの究極的な意味が開示されている聖なる物語である。

ユダヤ人の信仰のこの視点は、いかにして新しい水準の意味を生へともたらすのであろうか。それをもっともよく例証するのは、ヤコブの十二人の息子の一人ヨセフの物語である。ヤコブの他の息子たちは弟に嫉妬し、彼を奴隷に売り飛ばした。ヨセフの生涯は、最初は奴隷としてだが、最後はファラオの高官として、エジプトで終わる。彼らの国を飢饉が見舞ったとき、ヨセフの兄弟たちは、食べ物をもとめてエジプトに旅し、そしてヨセフは彼らに穀物を与える。その場面は、創世記の最終章で語られている。

> ヨセフの兄たちは、父が死んでしまったので、ヨセフがことによると自分たちをまだ恨み、昔ヨセフにしたすべての悪に仕返しをするのではないかと思った。そこで、人を介してヨセフに言った。
> 「父上は亡くなる前に、こう言っておりました。おまえたちはヨセフにこう言いなさい。確かに、兄たちはおまえに悪いことをしたが、どうか兄たちの咎と罪をゆるしてやってほしい、と。

どうか、あなたの父の神に仕える僕《しもべ》たちの咎をゆるしてください。」これを聞いて、ヨセフは涙を流した。やがて兄たち自身もやって来て、ヨセフの前にひれ伏して、「このとおり、わたしどもはあなたの僕です」と言うと、ヨセフは兄たちに言った。「恐れることはありません。わたしが神に代わることができましょうか。あなたがたはわたしに悪をたくらみましたが、神はそれを善に変え、多くの民の命を救うために、今日のようにしてくださったのです。」

（創世記五〇・一五―二〇。新共同訳を一部改める）

ユダヤ教徒にとって、「人間的な」出来事や意図も、実は、「人間的」ではなく、それは純粋に人間的な言葉で説明できるものではない。実際、ユダヤ人の物語や彼らの周辺民族についての物語は、ユダヤ教徒にとって、「神の物語」なのである。ヘブル語聖書は、神や、特定の民族（アブラハムの子孫）との神の契約についての聖なる物語を語っている。それはまた、彼らの周辺民族や、イスラエルの歴史における神の経綸についての物語でもある。そしてまたそれは、神によって創造され、神によって支配された、彼らの住む世界の物語でもある。すべての自然とすべての歴史は、信じるユダヤ人に、それを聖なる世界、聖なる歴史として見るときにはじめて理解可能な領域を与える。もし信じてヘブルびとの物語を読めば、わたしたちは、わたしたち自身の生や共同体の出来事を、一つの異なる光、しかも聖なる光の下で見ることが可能になる。それは神と人間の間の関係の物語である。

聖なる物語を語る諸書

ヘブル語の聖書は、二四の書から成り立ち、伝統的に三つの部分に分けられている。すなわち「法」(トーラー)、「預言者」(ネビイーム)、「諸書」(ケトゥビーム)である。この三つのヘブル語の単語から最初の文字を取り出し、子音の間に母音の「ア」を挿入すれば、ユダヤ人が聖書を指して言う「タナク」になる。このタナクの三つの部分が、ユダヤ人の聖なる文書を含むのである。

「法」(トーラー)は五つの書から成り立つ。創世記、出エジプト記、レビ記、民数記、申命記である。「法」は「ペンタチュウク」とも呼ばれるが、その字義どおりの意味は「五つの巻物」、「五巻」である。これらの最初の五書は、本来、ほぼ同じ長さの五つの巻物に記されていた。

「預言者」(ネビイーム)は、八つの書から成り立つ。それらは、

(a) 前の預言者(四書)——ヨシュア記、士師記、サムエル記上・下、列王記上・下

(b) 後の預言者(四書)——イザヤ書、エレミア書、エゼキエル書、十二小預言書(十二人の預言者、すなわちホセア、ヨエル、アモス、オバディア、ヨナ、ミカ、ナフム、ハバクク、ゼパニヤ、ハガイ、ザカリア、マラキの教えを含む)

「諸書」(ケトゥビーム)は、十一の書から成り立つ。それらは、詩篇、ヨブ記、箴言、ルツ記、雅歌、伝道の書、哀歌、エステル記、エズラ‐ネヘミヤ記、歴代誌である。

「法」(トーラー)

「トーラー」という言葉は、多くの異なる意味をもっている。それは聖書の最初の五書(創世記、出エジプト記、レビ記、民数記、申命記)を意味することもあれば、ユダヤ人が「タナク」と呼ぶ聖なる文書全体を意味することもある。それは拡大されて、書かれた「法」や、ラビによって伝えられてきた「法」解釈の伝承全体を含むこともある。サマリア人やカライ派のようなファンダメンタリストは口伝の伝承を認めず、それを「トーラー」の中に含めない。サマリア人にとっては、五書だけが「トーラー」であり、カライ派にとっては、書かれた聖書全体が「トーラー」である。

第一義的な意味で言えば、「トーラー」、すなわち五書がヘブル語聖書の三つの部分の中でもっとも重要である。創世記一―一一章は、神を世界の創造主・支配者として提示し、神と人類の関係を確立する。創世記一二―五〇章は、神がいかにして「ヘブルびとの父」アブラハムを選んだかを語り、神が彼になされた約束を示す。出エジプト記はエジプトからの脱出、シナイ契約、十戒、モーセの法体系を扱う。残りの三書(レビ記、民数記、申命記)は、荒野体験と「法」に関係する。「トーラー」は約束と選びと法の三つの観念を導入するが、この三つは、聖書全体を貫くものであり、ユダヤ教の基盤である。

したがって、聖書の最初の五書は、以下の、ヘブルびとの伝承の五大テーマを扱っていることになる。すなわち、

（1）アブラハムとその子孫になされた約束
（2）エジプトの奴隷状態からのイスラエルの解放
（3）シナイ山での「法」の授与
（4）砂漠を彷徨するヘブルびとへの神の導き
（5）約束の地の相続
である。

「トーラー」はまた、聖書の二人の偉大な人物、アブラハムとモーセに、そしてとくにその最大で中心的な存在者である神にわれわれを導く。

これらのテーマは、ヘブルびとの記憶の深層部に流れており、気弱のときには強さを、試練のときには希望を与える。聖書はユダヤ人共同体の霊感である。出エジプトの記憶は、ユダヤ人の典礼（公的な礼拝）の中に深くとどめられている。週日礼拝の三日目の夜の祝福は、この記憶を繰り返す。


これらすべては真実で信頼でき、その方がわたしたちの神・主であり、その方以外には神は存在せず、わたしたちイスラエルはその方の民であるとわたしたちは断言する。その方は諸王の手からわたしたちを救い出された方、すべての暴君の暴虐からわたしたちを贖われたわたしたちの唯一の王である。その方は……ファラオに復讐し、怒りのあまりエジプトの初子をすべて撃ち、永遠の自由を楽しませるためにご自身の民イスラエルを彼らの中から導き出し、ご自身の子らを二つに割れた紅海へ導き、その追っ手と敵どもをその深い所で溺れさせた神である。そのとき、その方の子らはその方の力を見た。彼らはその方の名を賛美し感謝し、そしてその方の支配を喜んで受け入れた。モーセとイスラエルの子らは大いなる喜びをもって主に向かってうたった。

「主よ、神々の中に
あなたのような方が誰かあるでしょうか。
誰か、あなたのように聖において輝き
ほむべき御業によって畏れられ
くすしき御業を行う方があるでしょうか」（出エジプト記一五・一一）
あなたがモーセの前で紅海を撃たれて二つに割られたとき、あなたの子らはあなたの力を見ました。彼らは「この方こそわたしの力」（前掲一五・二）と叫び、「主は代々限りなく統べ治められる」（前掲一五・一八）と口にしました。（引用は新共同訳から）

出エジプト記の物語は、ファラオにユダヤ人を出国させるために神が送られた災禍の記憶をその内にもっている。右に記した祝福は、エジプトの土地のすべての初子を殺すために、神が「死の天使」を遣わしたことを想起させる。「死の天使」は、イスラエルの子らの家を過越し、彼らには死をもたらさなかった。毎年、この出来事とその意義が過越の祭で記念されるが、その祭は、ヘブルびとのエジプト脱出を祝い、ユダヤ人の心に、彼らを救った神への感謝の気持ちをおこさせる。毎年この過越の祭では、「アッガダー・シェル・ペサー」（過越の物語）が、ユダヤ人の家庭で厳粛な雰囲気の中で朗読されるが、そこには次のように書かれている。

これはわたしたちの父祖らがエジプトの地で口にした貧しいパンである。飢えている者はみな来て食べるがよい。困窮している者はみなわたしたちの過越の祭に来るがよい。今年はここにいるが、来年こそはイスラエルの地にいることができるように！　今わたしたちは奴隷である。来年は自由にされるように！　わたしたちはエジプトでファラオの奴隷だったが、わたしたちの神・主が強い御手を差し伸べられてわたしたちをその地から導き出された。もし聖なるおん方――ほめたたえるべきかな、そのおん方は――がわたしたちの父祖らをエジプトから導き出されなかったならば、わたしたちや、わたしたちの子ら、わたしたちの子らの子らは、エジプトでまだファラオの奴隷だったでしょう。わたしたちのすべてが賢くても、わたしたちのすべてが利口であっても、わたしたちのすべてが長老であっても、わたしたちのすべてがトーラーに通じていても、わたしたちには出エジプトの物語を語る義務があるのです。わたしたちは出エジプトの物語を語れば語るほど、それだけ多く祝福されることになる。

このような祝祷や祈りによって示唆される、奴隷状態からの解放というテーマは、ユダヤ人の伝承の中に、そしてヘブルびとの意識の中に、深く流れている。預言者ホセアは、イスラエルびとに向かって、神が父親の心遣いをもって彼らの父祖をエジプトの奴隷状態から解放したことを、神に代わって想起させる。

まだ幼かったイスラエルをわたしは愛した。エジプトから彼を呼び出し、わが子とした。
(ホセア書一一・一。新共同訳)

ホセアは今一度神に代わって語るが、彼はこの同じ記憶を強化する。

わたしこそあなたの神・主。エジプトの地からあなたを導き上った。わたしのほかに、神を認めてはならない。わたしのほかに、救いうる者はいない。
(ホセア書一三・四。新共同訳)

捕囚時代のテーマも解放である。それは、道徳的な奴隷状態から解放してくれるよう神に祈願する、個人や共同体の祈りの中でしばしば聞こえてくるテーマでもある。

同様に、荒野での彷徨というテーマも、聖書文学やユダヤ人の魂の奥底に流れている。このテーマは、そのもっとも力強い意味において、モーセに率いられたヘブルびとによる荒野での彷徨の四十年間——彼らがエジプトの地を逃れ「約束の地」に向かって進んでいくときの四十年間——にもとづく。この物語は、出エジプト記と民数記の中で語られている主要な出来事の一つである。実際、民数記のヘブル語の書名は、その冒頭の言葉「ベミドバル」で、それは「荒野の中で」を意味する。食糧や飲み水を欠く、荒野における四十年間の彷徨の艱難辛苦は、いつの時代でも、似たような困難に直面したユダヤ人にとって、励ましの源泉になってきた。

彷徨というテーマは、荒野の彷徨時代よりも前のものである。研究者によれば、「ヒブル」という言葉自体、「ハビル」か「アピル」に由来するとされるが、それは「彷徨する者」とか「よそ者」

息子のイサクを神に捧げるためにモリヤ山を登るアブラハム。この二人は犠牲の祭壇に向かっている。アブラハムはその生涯において多くの試練を受けた。

を意味する。さらに言えば、ヘブルびとの太祖はアブラハムであったが、彼は、家畜を追い青草をもとめて、土地から土地へと彷徨した者であり、彼が神から受けた最初の命令は、「おまえは生まれ故郷、父の家を離れて、わたしが示す地に行くのだ」（創世記一二・一）だった。アブラハムの子孫は、彼の彷徨した足跡にたびたびしたがった。ユダヤ人の歴史を考察するとき（2章と3章）、彼らの父祖であるアブラハムとモーセの彷徨が、どんなにかしばしば、彼らの代々の子孫の生活の中で繰り返されてきたかが分かる。

「トーラー」の中に記録されているこれらの出来事は、ユダヤ人の心や典礼の中で生きつづけ、「五書」の偉大な人物も、彼らの記憶の中で突出している。アブラハムは神をどこまでも信頼した人物の範である。彼の受けた試練は多く、その一つはとくに際立っている。それは、神が彼に息子イサクを献げ物にするように命じたことである。創世記は次のように語る。

次の日の朝早く起きたアブラハムは、ろばに鞍をおき……二人の若者と息子イサクを連れ、神の命じられた所に向かって行った。

（創世記二二・三。新共同訳）

この文節は、アブラハムがつねに神の命令にしたがっていたことを示す。献げ物をささげる場所に着くと、アブラハムは、手を伸ばして刃物を取り、息子を屠ろうとした。そのとき、天からの主の御使いが「アブラハム、アブラハム」と呼びかけた。彼が「はい」と答えると、御使いは言った。「その子に手を下すな。何もしてはならない。おまえが神を畏れる者であることが、今、分かったからだ。おまえは、自分の独り子である息子すら、わたしにささげることを惜しまなかった。」

（創世記二二・一〇―一二。新共同訳）

この物語は、ユダヤ教徒やキリスト教徒の想像力を強くかき立ててきたものである。ユダヤ教側の早い時期の註解者（七世紀頃）は、この場面を、以下のように活写する。

ついでアブラハムは手を伸ばし、息子を献げ物とするためにナイフを取った。イサクは父に答えて言った。「わたしが取り乱したりしないようわたしをしっかりと縛ってください。あなたの献げ物が傷ついたり、わたしが破滅の穴に投げ込まれたりしないように。」アブラハムの目はイサクの目を見たが、イサクの目はいと高きところの御使いを見ていた。イサクは彼らを見たが、アブラハムは目にしなかった。いと高きところの御使いは答えた。「さあ、地上のこの二人の男を見てごらん。一人の男はささげ、もう一人はその者の献げ物だ。献げ物をする男は躊躇していない。そして献げ物にされる者は首を差し出している。」

（『タルグム偽ヨナタン』一〇）

この「トーラー」の物語のそれぞれの場面についての、このような想像力豊かな思索は、しばしばユダヤ人やキリスト教徒の歴史や文学の中で見られるものである。アブラハムの生涯のこの一場面だけでも、時代を越えて、霊的な省察――試練や苦難の時代の態度に深く影響を与えた省察――を読む者に与えてきた。

出エジプト記や、レビ記、民数記、そして申命記は、イスラエルのための「法」を確立する。十戒（出エジプト記二〇章）は、神についてと、同胞の人類について、イスラエルびとの行動の指針を与える。これらは神にささげた道徳的・倫理的な社会のための枠をつくる行動の普遍的な原則である。トーラーの最後の書である申命記は、神とイスラエルの間の関係の本質を捉える。モーセは、イスラエルびとに、神が彼らを愛したのだから、神の「法」にしたがうようにと説く。彼らが神を愛さねばならないのである。シェマ（申命記六。四―九）で、モーセは次のように宣言する。

聞け、イスラエルよ。われらの神・主は唯一の神である。おまえは心を尽くし、魂を尽くし、力を尽くして、おまえの神・主を愛すのだ。
今日わたしが命じるこれらの言葉を心に留め、子供たちに繰り返し教え、家に座っているときも、道を歩くときも、寝ているときも、起きているときも、これを語り聞かせるのだ。さらに、これをしるしとして自分の手に結び、覚えとして額に付け、おまえの家の戸口の柱にも門にも書きしるすのだ。

（申命記六・四―九。新共同訳を一部改める）

トーラーは、他の所でも、イスラエルの人びとの間での正義と愛について語る。

おまえたちは不正な裁判をしてはならない。おまえは弱い者を偏ってかばったり、力ある者におもねってはならない。同胞を正しく裁きなさい。民の間で中傷したり、隣人の生命にかかわる偽証をしてはならない。わたしは主である。心の中で兄弟を憎んではならない。同胞を率直に戒めなさい。そうすれば彼の罪を負うことはない。復讐してはならない。民の人びとに恨みを抱いてはならない。自分自身を愛するように隣人を愛しなさい。わたしは主である。

（レビ記一九・一五―一八。新共同訳を一部改める）

「トーラー」は、その出来事と登場人物と相まって、過去二五〇〇年以上にわたって、ユダヤ人の深い宗教心の基盤になった。モーセに与えられた「法」――それは出エジプト記や、レビ記、申命預言者は、たんなる社会改革者でもなく、聞く者の耳に馴染み深い宗教の言語で、当時の社会の悪を告発する道徳の教師でもなかった。彼らは第一にヤハウェを信じる者であり、それに貢献する者であった。彼らをかくも献身的にしたのは、ヤハウェの中に、真に神である唯一の超越者を見たからである。ヤハウェは全能であることに加えて、虐げられた者たちの守護者であった。預言者たちは、強者が弱者にはたらく不正義に敏感だった。それゆえに、彼らにとって、神は唯一のこと、すなわち正義を体現する意志と力を意味したであろう。（モルデカイ・M・カプラン『文明としてのユダヤ教』から）

記に記録されている——は、モーセの時代から今日までユダヤ人の生活を導いてきたものであり、それは、ユダヤ教にとって、信仰や実践などのすべての事柄の究極的権威である。

「預言者」（ネビイーム）

「前の預言者たち」は、「トーラー」の中ではじまった歴史を、カナンの征服時代から分裂王国の時代まで跡づける。その作者が伝統的に預言者のヨシュア、サムエル、エレミヤとされるこれらの書は、イスラエルが民族として登場しはじめた頃の、神とイスラエルの関係を述べる。そこでの主要なテーマは、モーセに与えられた神の「法」へのイスラエルの不服従である。

「後の預言者たち」は、王国・捕囚・再興のそれぞれの異なる時代に活躍した大ぜいの預言者の説教を含む。預言者たちは、王と民へ語りかける、神によってとくに選ばれた神の代弁者として記述されている。この仕事は、必ずしも容易ではなかった。それはしばしば権力のある王や政治家との、さらには有力な政治家のお抱え預言者との対決を引き起こしたからである。それが容易でなかった証拠は、神の預言者として召命を受けたときのエレミヤの最初の応答に窺える。

主の言葉がわたしに臨んだ。
「わたしはあなたを母の胎内に造る前から
あなたを知っていた。

母の胎から生まれる前に
わたしはあなたを聖別し
諸国民の預言者として立てた。」
そこでわたしは言った。
「ああ、わが主なる神よ
わたしは語る言葉を知りません。
わたしは若者にすぎませんから。」
しかし、主は言われた。
「若者にすぎないと言ってはならない。
だれのところにへ遣わそうとも、行って
わたしが命じることをすべて語れ。
彼らを恐れるな。
わたしがあなたとともにいて
必ず救い出す。」

（エレミヤ書一・四―八。新共同訳）

預言者たちの見た幻の範囲や詳細は異なるが、彼らの仕事は「トーラー」の教えを説き、古代イスラエルの宗教思想を再形成することだった。預言者たちの教えの中には、三つの主要な主題、すなわち、神だけが唯一の神であること、道徳的正しさ、栄光ある未来の到来が見られる。預言者たちにとって、ヤハウェはたんにイスラエルの神ではなく、すべての民族、歴史、自然を支配する、単独で、普遍的で、聖なる神なのである。たとえ神が世界から取り除かれたとしても、神はイスラエルと特別な絆をもつとされた。

イスラエルと神の間の特別な関係は、イスラエルに、他の民族よりも高い道徳的な基準を要求した。預言者たちは「法」への従順を正義と公平の世界をつくりだす道として理解した。彼らのメッセージは「律法」を蔑ろにすることに強く批判的で、犠牲や儀式を介してその要求を機械的に遵守する態度に挑戦した。神の名においてイスラエルの行動を攻撃する預言者アモスは、預言者の道徳的教えを示す。

彼らは町の門で訴えを公平に扱う者を憎み
真実を語る者を嫌う。
おまえたちは弱い者を踏みつけ
彼らから穀物の貢納を取り立てるゆえ
切り石の家を建てても
そこに住むことはできない。

見事なぶどう畑をつくっても
その酒を飲むことはできない。
おまえたちの咎がどれほど多いか
その罪がどれほど重いか、わたしは知っている。
おまえたちは正しい者に敵対し、賄賂を取り
門の前で貧しい者の訴えを退けている。
それゆえ、知恵ある者はこの時代に沈黙する。
まったく、今は悪しき時代だ。
善を求め、悪を求めるな。
おまえたちが生きることができるために。

（アモス書五・一〇―一四。新共同訳を一部改める）

生き方の道徳的側面を強調したため、預言者たちは今日でも、伝統的なユダヤ教や現代的な装いのユダヤ教を問わず、それらに影響を与えている。預言者たちは、伝統を重んじるユダヤ人たちを「法」に、しかもそのより純粋な遵守に呼び戻している。預言者たちはまた、現代的な形態のユダヤ教をも刺激し、彼らに正義を追及させ、貧しい者にその貧困を克服するよう手助けさせ、平等を追求させている。

「諸書」（ケトゥビーム）

「諸書」は、知恵の書——ヨブ記、箴言、伝道の書——やその他の書を含む。知恵の書は、人間存在に関わる問題、たとえば、いかにして正しい幸せな生活を送るか（伝道の書）、神の世界の秩序に見られる明らかな矛盾をいかに理解するか（ヨブ記）などの問題を探究する。「諸書」に含まれる他の書は、正しい行い（箴言）や、勇気ある振舞い（エステル記、ダニエル書、エズラ－ネヘミヤ記）などの例をあげたり、人間の性格や制度を、聖書の他の箇所で定義されている世界の構造の内で正当であるとしている（哀歌）。

『タルムード』を読む年老いたラビ。

「諸書」には詩篇も含まれている。詩篇のヘブル語の書名は「テヒリム」で、それは「讃歌」を意味する。これらの「讃歌」は、憧憬、感謝、告白、嘆願、あふれんばかりの喜び、悲しみ、生への信頼などの歌である。「讃歌」はつねに神の栄光を宣言する。そのときの状況がどんなものであったにせよである。詩篇二三（羊飼いの歌）に見られるように、それは簡素にして驚くほど美しい。

主はわが羊飼い
わたしには何も欠けることがない。
主はわたしを青草の原に休ませ
憩いの水のほとりに伴い
魂を生き返らせてくださる。
主は御名にふさわしく
　わたしを正しい道に導かれる
死の陰の谷を行くときも
　わたしは災いを恐れない。
あなたがわたしとともにいてくださるからだ。
あなたの鞭、あなたの杖、
それがわたしを力づける。

わたしを苦しめる者を前にしても
あなたはわたしに食卓を整えてくださる。
わたしの頭に香油を注ぎ
わたしの杯を溢れさせてくださる。

命のあるかぎり
恵みと慈しみはいつもわたしを追う。
主の家にわたしは帰り
生涯、そこにとどまるであろう。

（詩篇二三・一―六。新共同訳）

文学としての聖書

宗教的な重要さは別にして、聖書は西欧世界の最高の文学作品の一つである。その編纂者、すなわちそれを「少しずつ」編纂した者たちは、聖書を包括的なものにしようとした。そのためそれは、人間存在のほとんどすべての側面を説明する。加えて、その散文や詩文の大半は典雅であり、ほとんどすべての文学ジャンルがその中に代表されている。時代を越えて、聖書の中の出来事や、人物、メッセージは、芸術や、音楽、文学、哲学などの領域の偉大な仕事に霊感を与えてきた。

5　ユダヤ教の諸宗派と信仰箇条

ユダヤ教の基本的な信条については、本書の第1章で概説した。それらは以下の原理を含む。

(1) 唯一の神が存在する。神は、その経綸にしたがい、自然と歴史を支配される。人間はその経綸を知ることができない。

(2) 神はアブラハムとその子孫をご自身の民として選び、彼らが「約束の地」(カナン)に住む大いなる民族になることを約束された。

(3) 神はシナイ山でヘブルびとと契約を結び、モーセを介して、彼らに「法」を与えられた。その「法」は、それに忠実なる者の生活の指針である。

(4) アブラハムの民は、平和と正義のうちに世界を支配するメシア時代のすべての民族の範として選ばれた。

ユダヤ人の歴史の中では、これらの原理は、種々の仕方で解釈され、そのためさまざまな宗派が生まれた。

ラビのユダヤ教の影響

第3章で論じたように、紀元後七〇年から六四〇年までの時代のラビの仕事は、神殿とエルサレムを中心とした聖書の信仰を、神殿破壊後にエルサレムの外で暮らすユダヤ人の生活に合わせることだった。ラビは、神への従順を示す生き方を強調した。彼らは、すべてのユダヤ人がこの従順な生き方をしなければならない、と教えた。この意味で、すべてのユダヤ人が祭司としての資格をもつことになった。なぜなら、神殿で営まれていた祭儀が、今や家庭や仕事の場で営まれることになったからである。家庭では、食卓が祭壇になった。食卓にのぼる食べ物はすべて「コシェー」(「祭儀的に受け入れられる」の意)でなければならなかった。男子が外出するときには、着衣の裾《すそ》に縫いつけられた飾りが神への責任を思い起こさせた。トーラーや、『ミシュナー』、『タルムード』そしてミドラシを日々学習することが奨励された。

ユダヤ人の家族とその生活が中心になったが、より広い共同体を形成するために、他の家族が加わるのが普通であった。このより広いユダヤ人共同体は、いくつかの制度的なものを中心に存在した。祈りの場所としての「シナゴーグ」。「トーラー」を学ぶ場所としての「学びの家」。共同体の安寧を守る「ラビの法廷」。これらの制度は、古代末期のユダヤ人を一つにするものだった。

ヨム・キプール（贖罪の日）のシナゴーグ。イサク・キシナー（65歳）にメイエル・ポメランツ（86歳）からトーラーの巻物が手渡されようとしている。

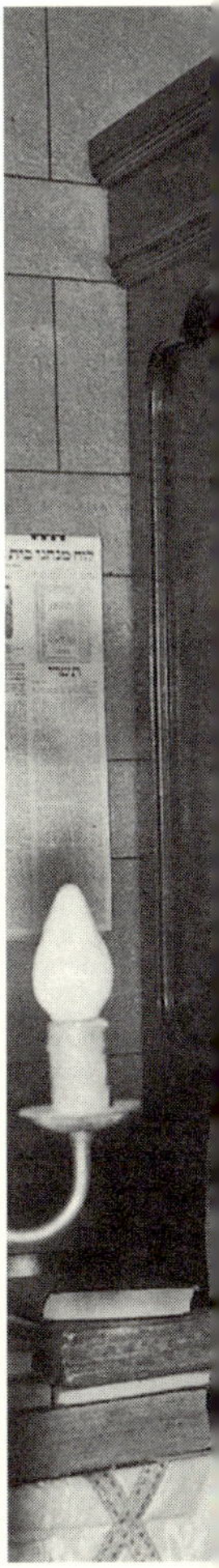

スファラディ系のユダヤ教

ユダヤ教が中近東や北アフリカに広まりスペインに入って行ったとき、スペインは、中世を通じて、ユダヤ人の学問や文化のセンターになった。スペインのユダヤ文化は、とくに一一世紀や一二世紀に、非常に高度な水準に達した。この時期の傑出した人物の一人はモーゼス・マイモニデスである。彼はスファラディ系ユダヤ人の信仰箇条を次の十三箇条にまとめた。

(1) ヤハウェだけが創造主である。
(2) ヤハウェは絶対的に一なるものである。
(3) ヤハウェは肉体も肉体的形相ももたない。
(4) ヤハウェは最初にして最後である。
(5) われわれはヤハウェにだけ祈り、他の神々には祈らない。
(6) 預言者の言葉は真実である。
(7) モーセの預言は真実であり、彼は全預言者の父である。
(8) 「トーラー」はモーセに与えられた。

(9) この「トーラー」は不変であり、将来、創造主から別の「トーラー」が与えられることはない。
(10) 創造主は人間の思いや行為をすべて知る。
(11) ヤハウェはその行為にしたがって応報する。
(12) メシアは来る。その到来は遅れているが、わたしは毎日その方を待っている。
(13) 死人は甦える。

マイモニデスの同時代のユダヤ人の中には、彼の信条を攻撃する者もいた。それは、彼の理論的な信仰箇条が、ラビのユダヤ教が強調する実際的な生き方に相容れない、と思われたからである。マイモニデスの信仰箇条が、キリスト教徒のそれを模倣する試みであると考える者もいた。彼の信仰箇条には、このような反対があったが、それは、伝統的なユダヤ教の信仰箇条の宣言文として代々伝えられ、詩情豊かな賛美歌「イグダル」の中に入り込んでいる。それは共同体の礼拝で歌われている。

スファラディ系のユダヤ人は、一四九二年にスペインから追放され、北アフリカや、エジプト、シリア、イタリア、そしてトルコ帝国の各州に定住した。後になると、彼らはロンドン、アムステルダム、ハンブルグ、ボルドーなどのヨーロッパの都市で共同体をつくった。彼らはラディーノと呼ばれる言語を話した。このスファラディ系のユダヤ人はアシュケナージ系のユダヤ人と対比されるが、記述の上では、前者はアシュケナージ系のユダヤ人ではないユダヤ人すべてを含むようになった。

アシュケナージ系のユダヤ教

地理的に見れば、アシュケナージ系ユダヤ人は、かつてローマ軍のレギオン（軍団）の駐留していた場所、すなわちイタリアや、フランス、ドイツ、ブリテンなどに定住し、そこからポーランドやロシアに入って行った。中世のアシュケナージ系ユダヤ人は、しばしば、その文化が世界から分断された状況の中で生活した。彼らは、自分たちがヤハウェの契約の選ばれた民である、という確信を強めることで一つの共同体になった。スファラディ系ユダヤ人とは異なり、アシュケナージ系のユダヤ人は、高い教育を受けた非ユダヤ人の文化や洗練された社会生活に積極的に関わらなかった。

アシュケナージ系のユダヤ人は、伝統的な宗教的慣習を重んじる者たちだった。彼らは「トーラー」（法）や「ミツヴォート」（戒律）の要求するものにしたがった。アシュケナージ系の指導者の一人であるヨセフ・カロ（一四八八―一五七五）は、彼らが一つでありつづけるために、これらの祭儀を厳守するよう指導した。彼はこれらの厳格な規定を、その著作『シュルハン・アルーフ』（「よく準備された食卓」の意）の中で整理した。それは、彼の若い弟子をモーシェ・イセルレス（一五三〇―七二年）の付加や修正――それは「テーブルクロス」と呼ばれる――を受けたが、伝統を重んじるアシュケナージ系のユダヤ人の法典になり、現在でもそうである。

スファラディ系のユダヤ人がラディーノを話したのにたいし、アシュケナージ系のユダヤ人はイディッシュを話した。アシュケナージ系の祭儀は古代のパレスチナの伝統に密接に結びついた。それとは対照的に、スファラディ系のユダヤ人は、捕囚のユダヤ人がつくりだした古代のバビロニアの伝統に遡るものだった。ホロコーストで虐殺されたユダヤ人の大半はアシュケナージ系であった。彼らの人口数は、第二次世界大戦前は一五〇〇万だったが、その後では九五〇万に減少した。今日、アシュケナージ系のユダヤ人の数は、四対一の割合でスファラディ系のユダヤ人に優っている。

改革派ユダヤ教

ユダヤ教は、キリスト教が支配する国家からの解放を手にした啓蒙主義の時代以降、新しい世界に入った。ユダヤ人は、自分たちの人間性の覚醒──必ずしも「ユダヤ性・ユダヤ人らしさ」(Jewishness)ではない──へと導かれた。この啓蒙主義時代の訴えは、ユダヤ人の礼拝や慣習が、彼らの周囲の者たちの文化やすべての宗教に共通する普遍的な性格と調和することをもとめた。いったい、「諸国民」への特別な使命をおびた、神の民としてのユダヤ人の性格をその昔から強調してきた宗教は、フランス、ドイツ、イングランドなどのような西ヨーロッパ諸国で存続することができたのであろうか。これらの国々において、今やユダヤ人は、他の宗教に属するか、無宗教の者たちと同等の市民権を持とうというのである。メシア待望、神殿再建の希望、エルサレムをその首都とする民族的郷土への帰還の希望などは、近代のディアスポラの土地で市民権を与えられたユダヤ人の中に生きつづけることができたのであろうか。

改革派（リフォーム）ユダヤ教の創始者であるアブラハム・ゲイジャー（一八一〇―七四年）は、近代のユダヤ人を導くための哲学的な展望を与えた。ゲイジャーは、もしユダヤ教に新しい意味が付与されれば、その伝統的な信条は、近代の西欧社会により容易に入り込んでいくと考えた。彼はユダヤ人が人格的なメシアではなく、平等、自由、人間愛を特色とするメシア的な時代の到来を待望すべきことを示唆した。ユダヤ教のこの解釈は、ユダヤ人に誇るべき理念を与えたばかりか、ユダヤ教を非ユダヤ人が敬意を払う宗教に変容させるものだった。ゲイジャーにとって、これこそがユダヤ人の特質だった。なぜなら、彼らはつねに倫理的（道徳的）な宗教・正義の宗教を実践してきたからであり、彼らはつねにその倫理的価値を人類に伝えてきたから、というわけである。ゲイジャーによれば、再建せねばならぬ神殿は、エルサレムにおける建造物としての神殿ではなかった。それは、価値の、正義の、自由の、理論的・精神的構築物だった。エルサレムはまた、地理的な場所ではなく、世界中のユダヤ人の魂の奥底に深く根ざす倫理的価値の「場」だった。

ヨーロッパにおいて、改革派ユダヤ教は、社会におけるユダヤ人差別の廃止への道を開いた。改革派のユダヤ人は、人間の尊厳を重んじる彼らの態度と、正義と平等への彼らの倫理的関心から、宗教的ユダヤ人であると同時によき市民になった。改革派のユダヤ人は、その信条を介して、彼らが同じ道徳的価値を追求していることを、他の市民たちに示した。

アメリカにおいて、改革派ユダヤ教の信条と組織は、初期のユダヤ人の体験から生まれた。これらのユダヤ人は最初、アメリカ社会の主流の一部になり、ついで彼らの成しとげたものを、その宗教の内側で述べる理論をもとめた。彼らの礼拝儀式の変更は慎ましく、ヘブル語やドイツ語を解さない同胞への配慮から、礼拝では英語を使用した。一八八五年に、デイヴィッド・アインホルンがドイツからボルティモアに到着して、ドイツ型の改革派ユダヤ教を確立しようと試みた。彼は、近代啓蒙主義のユダヤ教の倫理的目標にアメリカのユダヤ人をしたがわせようと、ドイツ型啓蒙主義のユダヤ教の明確な理念を用いようとした。しかし、アインホルンの試みがあったものの、アメリカの改革派ユダヤ教は、この国で暮らすことから自然な形で起こったもので、理論的前提からの一組の結論として起こったものではなかった。

一八七三年、アイザック・ヴァイスはシンシナチでユニオン・オブ・アメリカン・ヒブリュー・コングリゲーションズを組織した。二年後、ユニオンを後ろ盾としたラビ養成の改革派の神学校、ヒブリュー・ユニオン・カレッジが創設された。改革派ユダヤ教は、公的な行動を起こさずして、その目標を達成した。なぜなら、ユダヤ人は一八八〇年にアメリカ市民の地位を獲得したからであり、そして彼らは、大騒ぎしたりしないで、その儀式的な慣習を改め、故国と感じられるアメリカで社会的体面を重んじる同胞の要求をかなえたからである。

アメリカにおける改革派ユダヤ教の正式な定義は、ユダヤ教の諸変革がアメリカ社会の内部で起こった後にはじめてなされた。一八八五年、デイヴィッド・アインホルンの娘婿、カウフマン・ケーラーは、ピッツバーグにラビを召集した。彼はその会議で、ユダヤ人綱領を提案したが、それは、アメリカ市民になったユダヤ人の心を掴むリベラルで啓蒙的なものだった。

われわれは祈りを、今日のごく少数の学者しか理解しない言葉でささげたりはしない。われわれはこれ以上、イスラエル帰還のための祈りをささげることをしない。それはアメリカのユダヤ人の口の端に上る瀆神であり、虚偽である。われわれは、聖書の道徳的な法のみを拘束力あるものとして受け入れるが、近代文明の見解に合致しないいっさいのものを拒否する。

一八八一年、アシュケナージ系のユダヤ人が大挙してアメリカに到着しはじめる。その結果、改革派のユダヤ人は、一九一五年頃までに、数の上で劣勢になった。合衆国のユダヤ教がアシュケナージ系のユダヤ人の伝統主義に組み込まれるのを恐れて、改革派の運動は自らを改革と変革に献身するものと定義しはじめた。改革派のラビは、一九三七年の「コロンバス綱領」を支持した。これは改革派のユダヤ教が、伝統的な観念と時代の変化の適応精神の二つを持ちあわせていることをよく示している。

ユダヤ教はユダヤ民族の歴史的・宗教的体験である。……書かれたトーラーと口伝のトーラーは、神と道徳法についての、イスラエルの高揚せる意識を内包する。それはユダヤ人の生の歴史的先例や、奨励、規範などを保持する。……歴史の過程の産物であるがゆえに、律法のあるものは、それを要求した状況の変化のために、その拘束力を喪失した。しかしトーラーは、イスラエルの精神的な理想主義の詰所として、イスラエルの生のダイナミックな源泉でありつづける。どの世代も、ユダヤ教の特質にしたがって、トーラーの教えを時代の基本的な要求に適合させる義務をもつ。

今日の改革派ユダヤ教

改革派ユダヤ教は、ユダヤ教が道理にかなっていることを強調する。それはユダヤ教を、理性との調和をもとめる進歩的な宗教として提示する。改革派のユダヤ人は、コシェーの規定をも含めて、聖書の言葉や思想の中で時代錯誤的と思われるものを退ける。彼らの宗教観は、近年まで、シオニズム運動を認めなかった。ユダヤ人国家の樹立をその目標に掲げるシオニズム運動が、現に住んでいる国へのユダヤ人の忠誠心を分断させると危惧したからである。改革派の主要な貢献は、信仰箇条ではなく、ユダヤ教の倫理的性格の肯定にある。すなわち、それによってユダヤ人が生きる正義と自由への献身である。

今日、とくに合衆国とイスラエルの改革派ユダヤ教は、ユダヤ人共同体の中でと同様により広い政治の世界においても重要な役割を演じている。合衆国の改革派のユダヤ人の数は二〇〇万以上で、それはアメリカのユダヤ人の四二パーセントにあたる。その影響力は社会のさまざまな領域に及んでいる。

改革派ユダヤ教の取り入れた変革

この近代的な形態のユダヤ教は、礼拝における「適切性」を強調してきた、と言えるであろう。改革派はヘブル語だけでなされる礼拝を不適切であると見なした。なぜなら、ヘブル語を解さぬ者がしばしば歩き回ったり、おしゃべりしたりして他の会衆を困惑させたりしたからである。改革派のユダヤ人の礼拝は、しばしば現代のキリスト教のプロテスタントの範にしたがった。改革派のユダヤ人は、古い礼拝形式に改革を持ち込んだ。たとえば、男女が別々に座るのを改めて家族同席とした。彼らはまた、オルガンを持ち込み、聖歌隊を組織し、ヤーマルカ（礼拝などのための帽子）やタリット（祈祷用ショール）など男性信徒が敬虔の印として身につけたものを廃止した。彼らの住む国の言葉が礼拝の言葉になった。革新の持ち込まれた彼らの説教は、ヘブル語ではなくて、誰もが分かる普通の言葉でなされた。ラビの職務は、「トーラー」や『タルムード』の学者のそれから、説教者、助言を与える者、シナゴーグの運営者のそれに変わった。正統派（オーソドックス）の伝統とは対照的に、改革派のユダヤ教は一九七二年に女性をラビに叙任することを認めた。サリー・プリーザンドはユダヤ人の神学校であるヒブリュー・ユニオン・カレッジによって叙任された女性のラビの第一号である。改革派のユダヤ教はまた、ユダヤ人の父またはユダヤ人の母の子はユダヤ人と見なされるとした。彼らはまた、非ユダヤ人の改宗に関する制約や、ユダヤ人と非ユダヤ人の結婚に関する規則を緩和させた。

挑戦に立ち向かう改革派ユダヤ教

既述のように、改革派ユダヤ教は、パレスチナに民族的な郷土をもとめたシオニズム運動を拒否した。しかし、第二次世界大戦前、ヨーロッパにおけるアンチ・セミティズム〔反ユダヤ主義〕が次第に勢いを得ると、改革派のユダヤ人は、彼らの立場をこの新しい現実に合わせた。一九三七年の「コロンバス綱領」は、その立場の変化を明示する。

ユダヤ教は魂であり、イスラエルは肉体である。……パレスチナ再興において……われわれは次のことを確認する。すなわち、そこをユダヤ人の民族的郷土として創建することに援助を差し伸べること、それが全ユダヤ人の責務である、と。

他の宗派のユダヤ人はしばしば、伝統的な宗教的原理を捨てていく改革派ユダヤ教を、ユダヤ人の過去の豊かな遺産に背を向けている、ユダヤ教の倫理的でない側面に敬意を払っていない、伝統を重んじるユダヤ教をぞんざいな態度で退けている、などと非難してきた。改革派のユダヤ人は、パレスチナに民族的郷土をもとめる運動にたいして早い時期に理解を示したように、彼らは今日、過去の伝統のあるものに新しい意味を与える方策を探しはじめている。彼らはまた彼らの宗教的伝統の中のよりユダヤ的と言えるものを、今一度手に入れようと試みている。最近行われたユニオン・オブ・アメリカン・ヒブリュー・コングリゲーションズの調査は、改革派ユダヤ教が、より古いユダヤ的慣習の多くを復活させていることを示している。その中には、男子がヤーマルカをかぶったり、金曜日の夕拝前にシャバットの蠟燭に火をともしたり、シャバットの朝の礼拝で「トーラー」を朗読する前と後で祝祷を唱えたり、ロッシ・ハシャナー（新年）には二日の祝日を守ったりすることなどが入っている。この調査の委員長は、これは正統派ユダヤ教への回帰ではなく、ユダヤ的精神性の新たなる次元を模索するホロコースト後の世代の表現である、と慎重に指摘している。

正統派ユダヤ教

ヨーロッパで改革派ユダヤ教が伸展して行ったとき、モーシェ・ソフェール（一七六二—一八三九年）——彼は現在のスロヴァキアのブラティスラヴァ出身のラビだった——は、それに対抗して伝統を重んじるすべてのユダヤ人にたいして、近代主義とはいかなる妥協もしないよう呼びかけた。彼は彼らに、ユダヤ人としてのアイデンティティを失いたくなければ、改革派の牛耳る共同体とは交わらないようにと要求した。この訴えは、ドイツのオルデンブルグのサムソン・ラファエル・ヒルシ（一八〇八—八八年）のような、伝統を重んじる多くのラビによって受け入れられ実行された。ヒルシは、その信条において、伝統主義者だったが、その伝統主義のメッセージの伝達では近代的手段の使用を躊躇しなかった。彼は正統派（オーソドックス）の新聞を創刊し、政党を創設したのである。

一八八一年から第一次世界大戦までの間に、一七五万以上のユダヤ人がアメリカに移民したが、彼らの数が増えるにしたがい、ユダヤ教の改革派の運動は下火になっていった。それは、主に、移民の大半が伝統を重んじるユダヤ人だったからである。彼らは貧しく、あか抜けしてなく、教育程度も高くなかった。伝統派のアメリカのユダヤ人は、一八八五年にニューヨーク市にユダヤ人神学校を設立して、これらの移民をアメリカ生活に適応させ、その宗教的伝統を守りつづける手助けをしようとした。しかし、ユダヤ教研究の水準をあげたり、信仰の基準を維持したり、権威を行使したりするのは、ほとんど成功しなかった。文化水準が高く、米語を話すアメリカの正統派のユダヤ人と新しくやって来た移民の間に、あまりにも大きなギャップがあったからである。

世紀の変わり目に向けて、正統派のユダヤ人は他の努力も重ねた。たとえば彼らは、ラビ・イッハク・エルハナン神学校と呼ばれた最初の「イェシヴァ」(学院)を創設した。この神学校は、後になって成功し、イェシヴァ大学の前身になるが、今世紀の最初の何十年かは、その運営は厳しいものだった。一八九一年には、「正統派ユダヤ人会衆組合」(ユニオン・オブ・オーソドックス・ジューイッシュ・コングリゲーションズ)を組織する努力がなされ、一九〇二年には、「正統派ラビ組合」(ユニオン・オブ・オーソドックス・ラーバイス)が結成された。しかし、これらのどれも、アメリカにやって来た東ヨーロッパ系ユダヤ人の宗教生活のためのセンターになることはなかった。

失敗に終わったこれらの努力の後に残った真空状態は、各種の組織や団体などによって埋められ

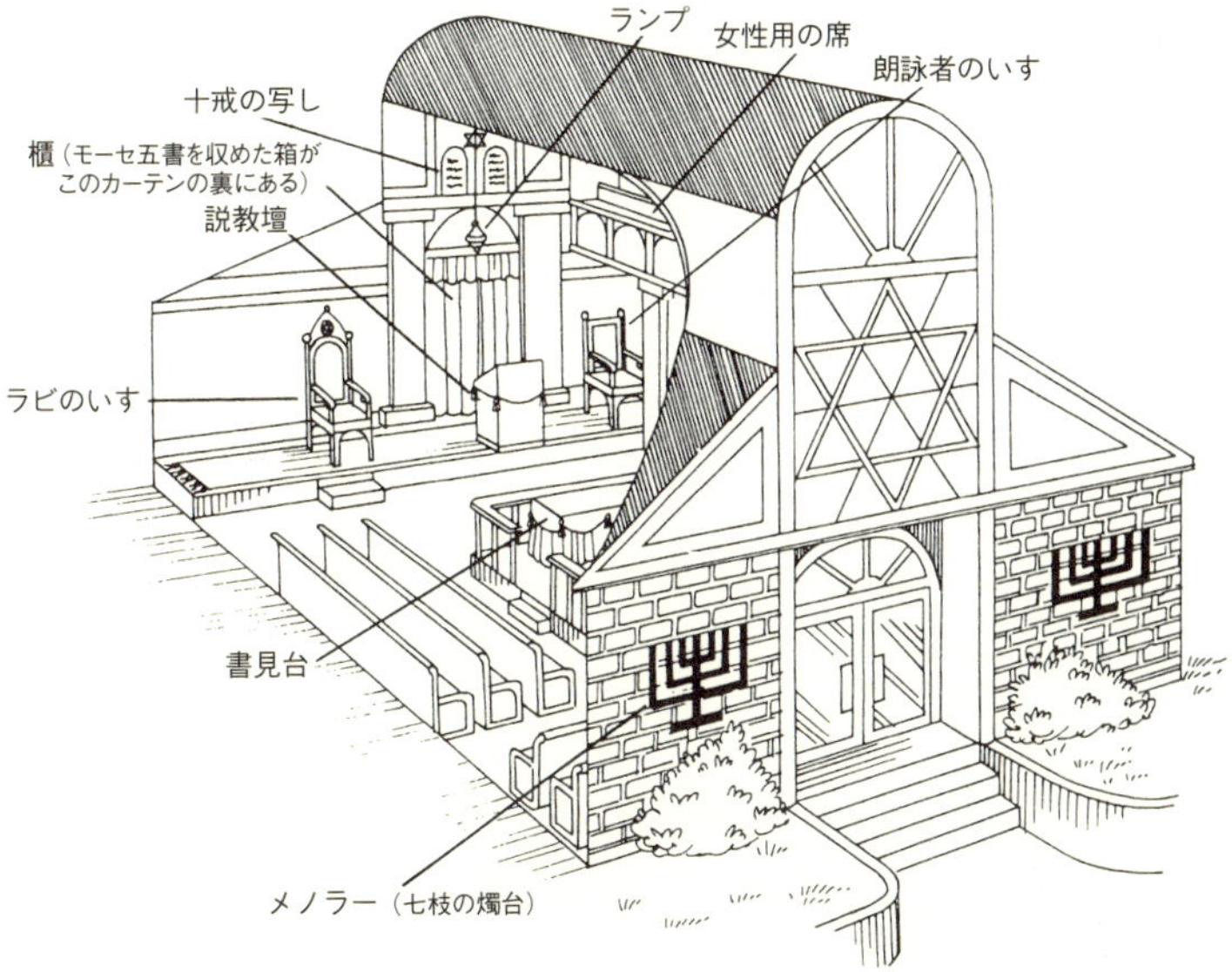

正統派のユダヤ人のシナゴーグとその内部。

た。たとえば、ユダヤ系の労働組合、ヨーロッパの同じ土地出身のユダヤ人を集めた互助組織、ユダヤ系の新聞、イディッシュ語の劇場などなど。しかし、伝統を重んじるユダヤ人たちは、ユダヤ人の一致への社会的アプローチ以上のものをもとめていた。すなわち、彼らは宗教的基準をもとめていた。それゆえに彼らは、伝統的なユダヤ法の遵守を今日でももとめる正統派ユダヤ教に傾いていった。

一部の正統派ユダヤ人は、近年アメリカで、新しい型の正統主義を唱えている。これは、ユダヤ文化におけるより保守的か伝統主義的な層の批判の一部であるように思われる。正統派ユダヤ教は、より深い宗教的一致を生み出すために、進歩的な運動を育成してきた。それは「新正統主義」(ネオ・オーソドクシー)と書かれたりする。サムソン・ラファエル・ヒルシの著作がその宗教的根拠である。実業家や知識人たちがこの現代的な型の伝統的ユダヤ教を支援するにしたがい、それは学校をつくり、会衆のネットワークをつくり、現代アメリカの文脈の中における、伝統的な宗教的一致を強め深める文書類を全米で配布している。

今日世界には一三〇〇万のユダヤ人がいるが、そのうちの約二〇〇万がさまざまな形の正統派のユダヤ教に属している。そして約三五万が合衆国に住んでいる。イスラエルでは、正統派のユダヤ人は主にアシュケナージ系の正統派とスファラディ系の正統派に分かれていて、それぞれにラビがいる。合衆国とイスラエルにおいて、正統派のユダヤ人は、ユダヤ人の共同体で影響力のある宗教的役割を演じているが、彼らは改革派のユダヤ人や保守派のユダヤ人と比較すると数は少なく、非ユダヤ人社会への影響力は小さい。

今日の正統派ユダヤ教

正統派ユダヤ教は、「トーラー」の形でヤハウェによってモーセに与えられた伝統的なユダヤ法が、すべてのユダヤ人を一つにする究極的な宗教的権威であると教える。ユダヤ人の聖なる文書を神秘的であるとか虚構の歴史とする聖書の現代的解釈は、無縁なものとして峻拒される。とはいえ、正統派のユダヤ人の間でさえ、顕著な違いはある。東ヨーロッパの正統派のユダヤ人は、言語や、服装、教育での改革に反対し、他方、西ヨーロッパの正統派のユダヤ人は、現代的な服装や土地の言葉の使用を好むか、少なくとも受け入れ、また普通教育を認めている。

「トーラー」や『タルムード』に払う敬重の念に加えて、正統派のユダヤ人は、厳格に「カシルート」（食品の適正規定）にしたがう。彼らが口にするのは、レビ記であげられている「コシェー」（「儀式的に清浄な」の意）食品だけである。この規定の重要な特色は、豚肉や、甲殻類、貝類などを「トレイフ」（「食べるのに不適切な」の意）としていることである。魚類はウロコとヒレのあるものでなければならない。肉類と乳製品の食べ合わせは禁じられている。コシェー用の厨房には二種類の食器類——一つは乳製品を盛る食器類、一つは肉料理を盛る食器類——を備えねばならない。食用に適している動物類は、その血を頭部からただちに抜き取る仕方で屠殺されねばならない。

正統派のユダヤ人は毎日祈るが、その礼拝の「核」は、毎週めぐってくるシャバット（安息日）

コシェー食品

牛、羊、カモ、ガチョウ、キジ、七面鳥、鶏、バス、タラ、マグロ

食するに適正でない食品

豚、うなぎ、ナマズ、サメ、貝類、海老類、牡蛎、ホタテ貝、イカ

の遵守である。シャバットにはすべての労働が中断される。食事などはあらかじめ準備されねばならない。金曜日の日没から土曜の日没までの丸一日を、休息と礼拝にささげるためである。

ハシディーム

第1章で記したように、一二世紀に、非常に敬虔で禁欲的なハシディームのグループがアシュケナージ系の共同体で起こった。同じような信仰復興運動が、カリスマ的教師イスラエル・バール・シェム・トーブ（一六九九―一七六一年）を中心として、東ヨーロッパで一七〇〇年代に形成された。この人物は、神はどこにも臨在することや、神との交わりを絶えずもつことは宗教的ユダヤ人の務めであると説いた。ツァディクと呼ばれたその精神的指導者はラビで、彼は自分にしたがってくる者たちを導き、すべてのことにおいて神を崇敬さ

せた。ハシディームは、自分たちのラビへの揺るぎない忠誠を示すが、この点で彼らは正統派のユダヤ人とは異なっている。彼らのラビは、聖なるものと創造された世界を結び付けるために奉仕し、神の祝福を彼らの生活の中へ持ち込んだ。

精神的指導性はハシディームの共同体において決定的に重要であったし、今日でも重要である。これらの共同体は彼らのカリスマ的指導者を中心に集まったものである。ラビのバール・シェム・トーブにしたがった最も有名な二人の人物は、ラビのドブ・ベル（一七四〇—七三年）とラビのジェイコブ・ジョセフ（一八四八—一九〇二年）である。前者はベシトの後継者となり、彼の説教と教義を体系化した。後者はツァディック——ツァディックは、それまでのラビを特徴づける『タルムード』の学習によってではなく、その瞑想的な生活と霊的なカリスマによって自らの権威を手にしたラビのことである——の性格と役割を見事に示して見せた。ツァディックの精神的指導性はそれぞれのハシディームの共同体に引き継がれた。

非常に多数のハシディックのユダヤ人が第二次世界大戦中ナチによって虐殺されたが、今日世界では二五万のハシディームが生き残っているとされる。彼らはイギリスや、フランス、ベルギー、スイス、オーストリア、そしてイスラエルでも見いだされ、そのうちの二五万は合衆国に住んでいる。約一〇万を数えるハシディームの最大のグループは、ニューヨークのブルックリンで暮らしている。ハシディーム運動は、とくに合衆国で着実に大きくなりつつある。

保守派ユダヤ教

ザカリアス・フランケル（一八〇一―七五年）は、保守派（コンサーヴァティヴ）ユダヤ教の成立にあずかった。フランケルはユダヤ史に精通した知識人で、改革派ユダヤ教をユダヤ教の選択的な形であると見なした。彼の理念は、ソロモン・シェヒター（一八五〇―一九一五年）が保守派ユダヤ教に与えた方向性に大きな影響を与えた。フランケルやシェヒターによれば、「トーラー」や『タルムード』の中で確定された戒律にはしたがわねばならないが、それらには生ける伝統の文脈の中で、したがわねばならない。換言すれば、現代のユダヤ人は、「トーラー」や『タルムード』に厳しく縛られるのではなく、それらと調和するユダヤ的な生き方の特色を形成しなければならない。

保守派ユダヤ教は、正式には、一九一三年に「アメリカ・シナゴーグ連合」（ユナイテッド・シナゴーグ・オブ・アメリカ）が創設されたときにはじまる。それは、正統派と改革派の間の橋渡しを目指した。保守派のユダヤ人によれば、正統派ユダヤ教は厳格すぎ、改革派ユダヤ教は革新的すぎて、ともにユダヤ民族の生ける歴史と何の接点ももたない。保守派のユダヤ人は、極端な伝統主義と極端なリベラリズムの間を進もうとした。アメリカの保守派のユダヤ人は、ユダヤ民族の豊かな歴史的伝統に、ユダヤ人共同体がその中に生きる現代世界の諸要求を混ぜ合わせようとした。

保守派ユダヤ教の指針哲学

保守派の信条は、「トーラー」と『タルムード』に敬意を払い、それにしたがう。第3章で述べたように、『タルムード』は、ラビ時代の新しい状況のもとで、「トーラー」の註解と解釈として生まれたものである。『タルムード』の誕生は、ユダヤ人共同体が、「トーラー」を異なる時代や状況に合わせる必要のあったことを示す。これこそは、それぞれの時代に、異なる世界において、ユダヤ人に要求されるものである。彼らは、「法」の枠組みの中で、「法」が現在の状況の中で彼らに何を要求しているかを解釈しなければならない。したがって、保守派ユダヤ教は、そのユダヤ人共同体が、新しい状況の中でこれら古代の著作を読み直す過程で展開したものである。

保守派ユダヤ教の実践

保守派ユダヤ教の実践の多くは、正統派のユダヤ人のそれに共通する。しかし、保守派のユダヤ人は、その実践の仕方が正統派よりも機械的でも形式的でもない、と主張するであろう。ある場合には、保守派の宗教的実践は異なる意味をもつと言えるであろう。

挑戦を受ける保守派ユダヤ教

現代社会の要求という視点から「法」を読み直そうとするとき、保守派のユダヤ人共同体は、いかなる対応が適切なのかに関して葛藤する。その事例は、女性をラビに叙任すべきか否かの問題に見られる。一部の会衆は女性の叙任に好意的で、両性の平等という精神からそれに賛成した。しかし、他の会衆は、この動きは伝統からの由々しき逸脱であり、保守派ユダヤ教と正統派ユダヤ教の間の溝を一層深めることになると論じた。彼らの総会は、最終的には、女性のラビ叙任を承認したが、彼女たちを叙任する仕事はユダヤ人神学校の教授団に一任された。しかし、この教授団は女性をラビにすることに反対したので、叙任式は行われなかった。こうした問題は、伝統的でかつ現代的であろうとする運動に大きな挑戦状をつきつける。

アメリカの他のユダヤ教

改革派、正統派、保守派のユダヤ教が主要な三宗派であるが、他の型のユダヤ教もアメリカ社会の内部で形成されている。たとえば、「再建派」（リコンストラクショニスト）はユダヤ教を、神によって啓示されたとされる教えや法にその追随者がしたがう宗教というよりは、絶えず進化する民の共同体として見なす運動である。アメリカのユダヤ教のすべての宗派の中で、再建派だけがアメリカ生まれのものであり、その数は五万とされる。アメリカのこのユダヤ教の運動は、モルデカイ・M・カプラン（一八八一―一九八三年）によって唱道されたが、それはきわめて現代的で、アメリカ型のユダヤ教である。カプランは、その著書『文明としてのユダヤ教』（一九三四年）の中で、その歴史の中で、ユダヤ教徒が聖性と社会的正義を追求してきた偉大な文明の継承者であることを、現代のユダヤ人は認識しなければならないと強調した。彼はユダヤ人たちに自らの道徳的次元と創造的な能力を開発して自分たちのユダヤ的相続物への忠誠を示すようにと訴えた。彼によれば、これが聖書の教えなのである。神によって服従の行為として命じられたものとして本来営まれていた諸儀式が、後になって、精神的な価値、とくに追求する社会的正義のそれへの献身の表現になることを、聖書は教える。カプランは、すべてのユダヤ人は、この偉大な精神文化の継承者であると主張した。彼によれば、ユダヤ史の研究は、伝統的な「トーラー」観は拡大されて社会正義への献身、豊かにされた意味のある儀式への献身、芸術的創造性への献身などを含まねばならない。再建派のシナゴーグは、新しくされたユダヤ的な生き方のあらゆる側面のセンターにならねばならない、と彼は信じた。それは祈りと学びの家であるが、また芸術や音楽のホームであり、健康を促進させる場でもなければならない。

再建派の哲学は、女性の権利をも積極的に擁護し、男子の儀式に対応するものとして若い女子のために、バット・ミツヴァと呼ばれる儀式をつくった。この運動はユダヤ人世界の中でその他多くの改革をもたらした。一つの新しい宣言は、父親がユダヤ人であれば、母親がユダヤ人でなくても彼らの子はユダヤ人であるとするものである。フィラデルフィアで一九六八年につくられた再建派のラビ養成所は、一九七四年にサンディ・アイゼンバーグ・サッソーをラビに叙任した。再建派は現代が生んだ純粋にアメリカ的な運動で、それは改革派のユダヤ人や保守派のユダヤ人に大きな影響力を行使し、世俗の波に飲み込まれそうなユダヤ人たちをその囲いの中に取り込んでいる。

6　通過儀礼

ユダヤ人は、宗教上の四つのミツヴォート、すなわち割礼、男子のバール・ミツヴァ（「戒律の息子」の意）／女子のバット・ミツヴァ（「戒律の娘」の意）、結婚、死を記念する。これらのミツヴォートは、人生の大きな出来事を執りしきる宗教儀式である。

割礼

今日多くの病院で、医学的な理由から、生まれたばかりの男の子が割礼を受けている。しかし、ユダヤ人にとって、男子の世継ぎの割礼は医学的見地から行われるのではない。それは「ベリッツ・ミラー」（「割礼の契約」の意）と呼ばれる宗教的契約である。それは男児をユダヤ人の宗教共同体に迎え入れる儀式であり、アブラハムによってなされた契約を更新し、その子を神の契約の民にする。割礼の行為は、創世記一七・九―一三に記録されている。ヤハウェがアブラハムに与えた命令を満たすものである。

神はまたアブラハムに言った。「だからあなたも、わたしの契約を守りなさい、あなたも後に続く子孫も。……あなたたちの男子はすべて、割礼を受ける。……いつの時代でも、あなたたちの男子はすべて……生まれてから八日目に割礼を受けなければならない。……それによって、わたしの契約はあなたの体に記されて永遠の契約になる。」

（新共同訳）

割礼は、生後八日目、少なくとも十人の男子（ユダヤ法により、共同体を形成するのに要求される最低の定足数）の見守る中で、伝統的にシナゴーグで執り行われてきた。たとえその日が、シャバットや、祝日、ヨム・キプール（贖罪日）のような断食の日であってもである。それはきわめて重要な儀式なので、割礼がその子の命に関わる場合だけ、後日に延期することができる。儀式の時間は朝が望ましいが、それは契約を満たそうとしたアブラハムの熱心に倣うためである。

割礼の儀式は、代母が男児を抱いてシナゴーグに入ったときにはじまる。これはその子のユダヤ人共同体への入会を意味する。シナゴーグに集まった者は、その子の入会を歓迎して、次の言葉を口にする。

「幸いなるかな、（ここに）来る子は。」

代母はその子を代父に手渡し、代父はその子を「モヘル」（割礼を施す者）の手に渡す。割礼が実

改革派のシナゴーグで執り行われたバール・
ミツヴァの儀式でのくつろいだひととき。

際に施されるとき、代父は次の祝福を口にする。

「ほめたたえるべきかな、汝、宇宙の支配者、われらの神・主は。あなたは、あなたの戒めでもってわれらを聖化し、われらの父アブラハムの契約にわれらの子らを入れるよう命じられました。」

それにたいして出席者（共同体）は答える。

「この子は契約に入ったので、この子がトーラーの学びの中に、結婚や善き業の中にも入れるように。」

通常、その子の名は、儀式のこの時点で命名される。ついで、一杯のぶどう酒がモヘルによって祝福される。幸せを願う祈りとともに、少量のぶどう酒がその子に与えられ、残りはその子の父親が飲みほす。その後には、祝いの食事がつづく。

ユダヤ人共同体によっては、この基本的儀式を改めているところもある。たとえば、改革派のユダヤ人はこの儀式に、契約の民の共同体への女児の入会を歓迎する「ベリッツ・ハハイーム」（「命の契約」の意）を加える。その場合、手術こそないが、男児の割礼の儀式で用いられる同じ祝福の言葉が口にされる。共同体はその子の入会を歓迎して言う。

「幸いなるかな、（ここに）やって来る女児は。」

その子の母親は次の祝福を口にする。

「ほめたたえるべきかな、宇宙の支配者、われらの神・主は。その方のミツヴォート（戒律）によってわれらは聖化され、その方はわれらに命の聖化を命じられる。」

その子の父親は蠟燭に火をともし、次の祝福を口にする。

「ほめたたえるべきかな、主は。その方の臨在が全世界に光を与えられる。」

ついで、その子の両親が唱和して言う。

「ほめたたえるべきかな、宇宙の支配者、われらの神・主は。その方はわれらに命を与え、われらを養い、この喜びの日を迎えることをよしとされた。」

ここに見られる変更は、伝統的な儀式に新しい意味と次元を持ち込もうとする改革派ユダヤ教の努力を示すばかりか、この入会の儀式がどんなに深くユダヤ人の生活に根ざすものであるかを示している。割礼は、現代文化に同化しているユダヤ人によっても、このような本格的な儀式を抜きにして行われている。世俗的（非宗教的）なユダヤ人もこの儀式を行う。伝統を重んじる宗教的なユダヤ人にとって、シナゴーグはそれを行うのにふさわしい場所である。しかし、多くの共同体では、「ベリッツ・ミラー」や「ベリッツ・ハハイーム」の儀式は、その子の両親の家で行われる。

子の命名に関しては、異なる習慣がある。アシュケナージ系のユダヤ人は、彼らの子に亡くなった親族の名をつけるのが普通である。スファラディ系のユダヤ人は、存命中の親族か他の人の名を与える傾向がある。習慣的に、イスラエルの国の外では、ユダヤ人の子弟は二つの名が与えられる。一つは宗教的な機会で使用されるヘブル語名で、他はふだんの非宗教的な文脈の中で使われる一般名である。

バール・ミツヴァとバット・ミツヴァ

ユダヤ人は教育に高い価値を置いている。五歳になると、子供は、家庭かシナゴーグのどちらかで、宗教的伝統を学びはじめる。その教育には「トーラー」や、『タルムード』、『ミドラシ』などの授業が含まれる。ユダヤ人は、この学びが神の教えにもとづくものであり、彼らに人生の最良の準備をさせる、と信じる。この考えはイザヤ書五四・一三―一五でよく表されている。

あなたの子らは皆、主について教えを受け
あなたの子らには平和が豊かにある。
あなたは恵みの業によって堅く立てられる。
虐げる者から遠く離れよ
　もはや恐れることはない。

破壊する者から遠く離れよ
もはやそれがあなたに近づくことはない。
見よ、攻め寄せる者があっても
わたしによらずには何もなしえない。
攻め寄せる者はあなたの前に倒れる。

（新共同訳）

ユダヤ人にとって、宗教教育は宗教的成熟に導くものである。成熟への過程で、男子は「バール・ミツヴァ」（「戒律の息子」の意）に達する。この祝いは一三歳の誕生日に行われる。非ユダヤ的な文化においても、この一三という年齢は、身体的成熟（思春期）を象徴する。ユダヤ人はまた、この年齢が、正しい教育を介して、精神的な成熟や責任を自覚する年齢であると信じている。それは若者が成人になる年齢である。

通常、この宗教的な成人式はシナゴーグで祝われ、若者は礼拝の儀式で大きな役割を演じる。彼は「トーラー」の一節を読み、祝福を口にし、預言者の章節を朗読する。もし準備がよくできていれば、彼はヘブル語で祈りをささげるか、聖書的主題や『タルムード』の主題の一部を説明するよう促される。この儀式につづくのは、通常、祝宴かパーティである。

この儀式は、一九四〇年代以降、改革派のユダヤ人共同体の女子のために取り入れられた。「バット・ミツヴァ」（「戒律の娘」の意）は、女子の一二歳か一三歳の誕生日に祝われる。一九世紀、改革派のユダヤ教は、バール・ミツヴァに代わるものとして堅信礼をもうけた。この責任の自覚年齢は、若いユダヤ人男女を集めてグループ形式で祝われたりする。通常、その儀式は「シャヴオート」の祭の近くに行われ、戒律を受け入れることと、それへの献身を祝う。最近では、伝統的なバール・ミツヴァやバット・ミツヴァの儀式を行う改革派のユダヤ人は、一六歳頃に堅信礼を祝う。この儀式を祝う年齢を一六歳と定めたのは、若者が、その年齢で、責任の意味をよりよく理解できるとされたからである。過去三十年間、保守派の多くのユダヤ人は、堅信礼を通過儀礼として彼ら

ヘブル文字を学ぶ少女

の宗教的慣習に加えている。

結婚

ユダヤ的伝統によれば、婚姻は神の定めた聖なる関係である。


神は御自分にかたどって人を創造された。

神にかたどって創造された。

男と女に創造された。

神は彼らを祝福して言われた。

「産めよ、増やせよ、地に満ちて地をしたがわせよ。海の魚、空の鳥、地の上を這う生き物をすべて支配せよ。」


（創世記一・二七―二八。新共同訳）

ユダヤ人は、この神の命令――「産めよ、増やせよ」――が、ヤハウェを拝する民の数を増し加える宗教的命令であると考える。それと引き換えに、ヤハウェは、ご自身がアブラハムになされた約束――アブラハムが大いなる国民の父になるという約束――を満たされる。預言者ホセアは、ゴメルとの彼自身の結婚を、花嫁イスラエルと神の結婚に対比さえした。

わたしは、あなたととこしえの契りを結ぶ。
わたしは、あなたと契りを結び
正義と公平を与え、慈しみ憐れむ。
わたしはあなたとまことの契りを結ぶ。
あなたは主を知るようになる。

（ホセア書二・二一—二三。新共同訳）

伝統的なユダヤ教には、多くの宗教的・象徴的側面があり、結婚の意義は、その儀式の厳粛性の中で示される。ラビの伝統においては、結婚は三つの段階を踏んだ。「シドゥヒーン」（約束）、「キドゥシーム」（婚約）、そして「ニスゥイン」（結婚）である。今日、約束（エンゲージメント）は結婚の意志のたんなる表明にすぎないが、かつてそれは、日取りや、場所、持参金、金銭的援助などの取り決めが正式に書かれた法的拘束力をもつ契約だった。

婚約はかつて結婚の一年前に行われた。結婚と同じ厳粛性をそれにもたせるためである。婚約した女性は聖化された。つまり、彼女は聖別され未来の夫に捧げられた。それを象徴するために、彼女はこの期間ヴェールをかぶって顔を隠した。今日、この婚約式の一面は、アシュケナージ系ユダヤ人の正統派の儀式に残されている。そこでは、花婿が花嫁の顔をヴェールで覆う。この儀式には、イディッシュ名の「ベデケン」（「ヴェールで覆うこと」の意）がつけられている。

今日、ユダヤ人の結婚式は、「約束」と「婚約」の伝統的な儀式の要素を組み込んでいる。「ベデケン」の後で、新郎新婦は、両親に導かれて「フッパー」（天蓋）に入り、そこでラビの挨拶を受ける。ラビは一杯目のぶどう酒に婚約の祝福を唱える。

ほめたたえるべきかな、宇宙の支配者であり、
ぶどうの果実の創造主でもある
われらの神・主は。
ほめたたえるべきかな、宇宙の支配者である
われらの神・主は。
あなたはあなたの戒めによってわれらを聖化し、
禁じられた関係についてわれらに命じられました。
あなたはわれらが婚約したにすぎない者を
われらに禁じ
結婚式の天幕の中でわれらと結婚する者を
われらに許されました。
ほめたたえるべきかな、われらの神・主は。

フッパー（天蓋）の下での伝統的な結婚式風景。新郎がぶどう酒を飲んでいる。

あなたはあなたの民イスラエルを
結婚式の天幕と結婚の聖なる儀式で
聖化される。

新郎と新婦は杯を分かち合う。ついで、新郎が新婦の人さし指に指輪をはめながら、「見よ、モーセとイスラエルの律法に則り、この指輪により、あなたはわたしの妻として聖化された」と口にする。新婦は、指輪を謹んで受けると、同意を与える。ついでラビが、双方が署名済みの「結婚契約書」——これは伝統的な「約束」の名残りである——を読み上げる。次にラビは、二杯目のぶどう酒「シェヴァ・ベラホート」（結婚の祝福）を与える。

おお、われらの神・主よ。
ほめたたえよ、宇宙の支配者
ぶどうの果実の創造主。

おお、われらの神・主よ。
ほめたたえられるべきかな、宇宙の支配者であるあなたは。
あなたはご自身の栄光のために

万物を創造されました。

おお、われらの神・主よ。
ほめたたえられるべきかな、宇宙の支配者にして
人間の創造主であるあなたは。

おお、われらの神・主よ。
ほめたたえられるべきかな、宇宙の支配者であるあなたは。
あなたはあなたの似姿に人間をつくり、
その者のために、あなたご自身の存在から
共働者をつくられました。

おお、主よ。
ほめたたえられるべきかな、人間の創造主であるあなたは。

その子らが女の周りに喜び集まるとき、
不妊だったその女が歓喜するように。

おお、主よ。
ほめたたえられるべきかな、あなたは。
その子らを介して
シオンを喜ばせるあなたを。
かつてあなたがエデンの園であなたの創造を嘉したように、
この愛する伴侶にまったき喜びを与え給え。

おお、主よ。
ほめたたえられるべきかな、新郎・新婦に喜悦を与えたもうあなたは

おお、主よ。
ほめたたえられるべきかな、宇宙の支配者であるあなたは
あなたは
喜びと楽しみを
新郎と新婦を
喜悦と歓喜を

満足と喜びを
愛と調和を
平安と交わりをつくられました。
われらの神・主よ。
ユダの町々で、
エルサレムの通りで
喜びと歓喜の声が
新郎の声と新婦の声が
式場の天蓋から
新郎の喜びあふれる声が
祝いの歌から
若者たちの喜びあふれる声が
まもなくして聞こえてきますように。

おお、主よ。
ほめたたえられるべきかな、あなたは
あなたは新郎を新婦でもって喜ばせられる。

2隻の船が航海していた。1隻は、未知なる目的地に向けて、安全なる港を出航したものだった。もう1隻は、荒い航海を終えて寄港するところだった。その船が着くと、人びとは喜ぶ。人生もこれと同じである。われわれは、誕生が子を未知なる人生の航海に送り出すとき喜ぶが、船が最終的に神の平安の安全なる港に到着したとき、われわれは慰めを見いだすべきではないだろうか。――出エジプト記のミドラシである『シェモット・ラッバー』48：1

新郎と新婦は、この二杯目のぶどう酒を、これから分かち合う生活の象徴として分かち合う。通常、この結婚の儀式はラビの助言で終わり、その後で、杯かグラスが割られる。グラスを割るのは、喜びいっぱいの祝いの後で、地に足のついた生活に戻るためである。それはまた、第一神殿の破壊（前五八六年）と第二神殿の破壊（後七〇年）を想起させると同時に、いまだ完全ではない世界でユダヤ人が耐えねばならない苦難を知らしめる意味合いをもつ。

改革派と保守派の結婚式の場合、それは、彼らのより現代的なユダヤ的生き方に合わせている。たとえば、改革派や保守派の共同体の多くは、指輪の交換式を取り入れている。そこでは、新婦も「見よ、モーセとイスラエルの律法に則り、この指輪により、あなたはわたしの夫として聖化された」を口にしながら、新郎に指輪を贈る。改革派ユダヤ教は、婚約の祝福と結婚契約書の朗読を省く。近年、改革派のユダヤ人は、平等主義の原則に立つ新しい契約を儀式の中に取り入れている。

死と服喪

伝統的なユダヤ教の理解によれば、肉体は死ぬことでもとの土くれに戻り、霊魂はそれを与えられた神のもとに戻る。葬儀は簡素である。埋葬は、死後可能なかぎり速やかになされる。死者は無地の白装束に包まれ、簡素な棺の中に納められる。式次第は、詩篇の朗読、追悼の言葉、追悼の祈りから成り立つ。

棺は墓所まで運ばれるのが普通であるが、その葬列は、詩篇九一が朗読される間、七回足をとめる。棺は墓穴に降ろされると土で覆われる。埋葬の儀式は簡素である。それには「ツィドゥーク・ハ・ディン」(「神の正義の同意」の意)の朗唱、追悼の祈り、「カディッシ」――神の支配を認め、人間の最終的な運命を神の御手に委ねる祈り――の朗唱が含まれる。

御心によって創造された世界で
おん方の大いなる名が
大きくされ聖化されますように。
おん方が御国を打ち立てられますように

あなたが生きている間に
あなたの日数《ひかず》の間に
イスラエルの全家の存続する間に
速やかに、そして近い将来に。
さあ、「アーメン」を唱和しましょう。
おん方の大いなる名が
永遠に嘉されますように。
崇めよ、讃えよ、讃美せよ
高めよ、称揚せよ、栄光を与えよ
崇敬せよ、讃美せよ
聖なるおん方の名を。
崇めるべきは、世界で発せられる祝祷や、讃美、
讃美をもってしても十分でないおん方。
さあ、「アーメン」を唱和しましょう。
天からの豊かな平安と
われらと全イスラエルのために命がありますように。
さあ、「アーメン」を唱和しましょう。

天にあって平安をつくられるおん方が
われらのために、そして全イスラエルのために
平安をつくられますように。
さあ、「アーメン」を唱和しましょう。……

埋葬式が終わると、会葬者は二列になり、遺族がその間を進む。会葬者は遺族に向かって「神の慰めがありますように」と、慰めの言葉をかける。遺族と一般に見なされるのは、父母、兄弟姉妹、娘・息子、亡くなった者の連れ合いである。

服喪の期間は、「アニヌート」、「シヴァー」、「シェロシーム」の三つに分けられる。「アニヌート」は死から埋葬までの期間である。この期間中、遺族は自分の着ている服や、それにつけた黒の布切れを引き裂いて、深い悲しみをあらわす。遺族は他の宗教的な義務を免除されるので、葬儀や埋葬の準備に専念する。「アニヌート」の期間中、遺族は肉を食べたり、酒を飲んだり、パーティに出席したり、性的な交わりをもったりはしない。

埋葬式から自宅に戻った遺族は、「シヴァー」の期間に入る。彼らは人間の霊魂を象徴する蠟燭に火をつけ、それを「シヴァー」の七日間ともしつづける。葬儀から戻った遺族は、友人や親族の者の用意した「慰めの食事」を取る。

「シヴァー」の七日間、遺族は自宅で過ごすのが普通で、仕事やその他の社会的活動は行わない。

正統派のユダヤ人の場合、彼らは特別にしつらえられた背の低い長椅子にすわり、髭をそったり、髪をきったり、休息の目的で入浴したり、性的な交わりをもったりはしない。最低十人の選ばれた男友だちが、朝と夕方の服喪や遺族を慰めるために集まる。

「シェロシーム」の期間は、七日目の終わりから三〇日目までつづく。この期間中、遺族は仕事に戻れるが、社会的交わりは避ける。親の死で服喪する娘や息子の場合、その期間は一年である。

一周忌には、遺族は蠟燭に火をつけ、それを二四時間ともしつづける。彼らは故人の名で施しを行い、礼拝に出席して「カディッシ」を唱える。追悼式はまた、「ヨム・キプール」や、「過越の祭」の最終日に、「シャヴオート」の日に、「スコット」（仮庵祭）の最終日に、聖なる日の礼拝の一部として守られる。

他の重要な儀式と同様に、葬儀や追悼式も現代の実情に合わせている。親族は必ずしも身近な所で生活しているわけではないので、埋葬式は、遺族全員が出席できる日まで延期することができる。今日、葬儀はしばしば祭儀場か墓地で行われる。とくに改革派や保守派のユダヤ人共同体の場合、これらの儀式は、時代の実情に合わせたものにされている。

これらの通過儀礼――共同体に迎え入れられるための儀式、責任を自覚する儀式、結婚の儀式、そして葬儀――は、ユダヤ人にとって、聖なる象徴的な性格をおびている。ユダヤ人は、自分の所属する共同体の中で、「ミツヴォート」（戒律）にあずかり、これらの人生の重要な通過儀礼の宗教的側面を記念する。

7　ユダヤ教の影響

ユダヤ教文化やその宗教儀式の生ける伝統は、わたしたちの住む世界に大きな影響を与えてきた。ユダヤ教はさまざまな仕方で西欧文明に影響を与えた。とくに、ユダヤ教は、他の二つの世界宗教であるキリスト教とイスラームに深い影響を与えてきた。この二つの宗教は、ユダヤ教の基本的原理を多く取り入れ、それを広めてきた。世界の各地に住むユダヤ人は、彼らの住む国々の文化的・政治的・経済的発展の促進に寄与してきた。

宗教上の貢献

世界宗教へのユダヤ教の第一の主要な貢献は、その一神教——一なる神への信仰——にある。古代宗教の中には、前二〇〇〇年紀までに一神教の観念に移行したものもあるが、これらの古代文化の中で想像された一なる神はイスラエルの神の属性を欠き、そのためいくつかの要素がイスラエルの神をユニークなものにする。

（1）神は自然界や人間界から超越する。実際、神は宇宙と万物の創造主である。
（2）神は普遍である。神は、時間や場所（人間の環境）に制約されず、遍在する。
（3）神は全知・全能である。
（4）神はその創造から分かたれているが、自然界や人間界の出来事の歴史のデザイナーとして創造に関わっている。神の意志は、自然現象や諸民族の社会史・政治史・軍事史などを介して、読むことができる。神はまた、人間の行為の審判者として、善には報い、悪を罰する。

宗教へのユダヤ教の第二の重要な貢献は、道徳と倫理の領域においてである。人間の基本的な権利と義務、倫理的行為、正義などの一般に受け入れられている規範の大半は、モーセの「法」に由来する。たとえば、ユダヤ教の伝統によれば、人間には、自らの行動の選択にあたって、判断と自由意志がある。人間にはまた、道徳的に正しく生きる責任がある、なぜなら、それこそは人間存在の目的だからである。間違った選択をしたり、道徳的挑戦を回避することは、不道徳な行為である。こうした考えは、世界の多くの人びとによって、正しいとされる。こうした考えが、多くの人びとによって受け入れられ実践されてきた一つの理由は、それが本来、正しい人間社会のために、神の意志を表明するために、ユダヤ人の信仰によって宣言されてきたからである。

宗教への第三の重要な貢献は、自己の共同体への奉仕という考えである。ユダヤ教は、人間は自分に与えられた生の責任を取らねばならない、すなわち、神は人間を創造したことにたいし代価を要求されると教える。教育や、衛生、行政などの分野における慈善や「よき行い」、すなわち、そ

フランク・ロイド・ライトが設計したベッツ・シャローム・シナゴーグ。場所はペンシルバニアのエルキンス・パーク。

れがどんなものであれ、共同体における奉仕の伝統は、ユダヤ教の根幹に関わるものである。この伝統は、キリスト教やイスラームの構成要素の一部になった。

ユダヤ教は、後の諸宗教に、他の多くの基本的な要素を与えた。キリスト教の多くの基本的な観念、たとえば、メシアや、審判の日、黙示録、個人の祈り、祈祷会、霊的純潔などは、直接ユダヤ教から展開したものである。聖書、すなわち「聖なる文書」の観念も、ユダヤ教からである。ユダヤ教徒のヘブル語聖書がキリスト教徒の新約聖書の資料になった。新約の福音書はとくに、ヘブル語聖書の預言に言及する。キリスト教徒はまた、ヘブル語聖書を聖なるものとして受け入れ、それが新約聖書に記録されているイエスの生涯の出来事の多くを予告した、と信じている。

ユダヤ教はイスラームの形成にどの程度直接的な影響を与え、キリスト教がどの程度それにあずかったのか。これらのことは、すべてが明らかなわけではない。しかし、ユダヤ教はイスラームの宗教に明らかに貢献した。イスラームもまた、その「聖なる文書」（コーラン）の観念をユダヤ教から引き継いでいる。さらに言えば、イスラームの食事規定や法体系は、ユダヤ教のそれにもとづく。イスラームの礼拝所（モスク）の基本的様式は、初期のシナゴーグのそれであるとする証拠もある。さらに、イスラームの共同礼拝とその礼拝日課は、ユダヤ教のそれに似ている。

文化的影響

第1章で論じたように、「ユダヤ人」（Jews）という言葉は、世界の各地に住む宗教的グループと文化的グループの双方を指す。ディアスポラのユダヤ人は、彼らの住む国々のより広い文化的・政治的生活につねに参与してきた。ユダヤ教を実践する者も、そうでない者もともに、彼らの住む国々の文化に大きな貢献をした。彼らはまた、宗教を含む、人間的営為のほとんどすべての領域における、西欧的な考えに貢献をなしてきた。一九一一年以来、百人近くのユダヤ人が、平和、文学、詩、物理学、化学、医学、生理学などの分野でノーベル賞を受けたが、これは知的営為へのユダヤ人の多大な貢献を物語る。

芸術

聖書は、芸術作品や建築物——とくにソロモンの神殿——について多くを記述している。これらの記述はいずれも、古代イスラエルに豊かな芸術的伝統があったことを示唆する。伝統はすべて周辺民族の様式の影響を受けるが、イスラエルの場合も同じである。過去何世紀もの間につくられた、イラク、モロッコ、スペイン、イタリア、ドイツ、合衆国におけるシナゴーグの建築デザインには卓越したものがあるが、これらの建築物の大半は、それらが建てられた、キリスト教やイスラーム諸国の様式を反映している。たとえば、一九世紀のアメリカのシナゴーグの大半は、新ギリシア様式や、ロマネスク様式、ゴシック様式にしたがっている。過去何年にもわたって、古代のユダヤ的様式を新しく解釈する試みがなされてきた。最近のものには、カンザス・シティにつくられたノーマン・ブルネリ作の天幕を模したシナゴーグ、「ブナイ・イェフダー」や、テキサス州のエル・パソの砂漠につくられたシドニー・アイゼンシュタットのテンプル・マウント・サイナイがある。

ビジュアル・アートやグラフィック・アートの分野で、聖書のテーマやディアスポラの生活が、西欧のユダヤ人アーチストや非ユダヤ人アーチストの創作意欲をかき立ててきた。これは中世以来そうであった。中世のカテドラルは、聖書の場面を描いた絵画や彫像で豊かに飾られている。ミケランジェロは、モーセやダビデ像をつくり、システィナ礼拝堂の天井画には聖書物語の場面を描いた。レンブラントも、ダビデとサウロ、サムソン物語の連作、「ユダヤ人の花嫁」などを描くにあたって、聖書からインスピレーションを得ている。以上は、聖書の人物や物語、ヨーロッパにおけるユダヤ人の生活を念頭においたルネッサンス時代の非ユダヤ人アーチストの主要な作品の二、三の例にしかすぎない。

ユダヤ人アーチストは、彼らの住む国の文化に与る者として、他のアーチストと同じく、自分たちの祖国の伝統に根ざした作品を生み出したり、新しい芸術的様式や思想の派を作り出す。アマデオ・モジリアニは、「ユダヤ人女性」（一九〇九年）や、ユダヤ人の彫刻家とその妻のジャックとベルツェ・リプシッツの肖像画などで知られているが、ユダヤ的なものをもっぱら主題にしたのではなく、時折その作品の中にユダヤ的な象徴を入れるだけであった。カミーユ・ピサロは印象派の巨匠として覚えられており、その飾らない肖像画や魅力的な風景画で有名である。しかし、他のユダヤ人アーチストはそのユダヤ的主題で知られている。ジェイコブ・クレーマーは一九一九年の作品「贖罪の日」で知られる。それは東ヨーロッパのユダヤ人の敬虔を描いている。マルク・シャガールは多産の画家であるが、エルサレムにあるハダサ病院のシナゴーグに見られる、イスラエルの十二部族を描いたステンド・グラスや、イスラエルの国会(クネセット)の大ホールに見られるアブラハム、モーセ、ダビデを描いたタペストリー、また一九三九年の「白の十字架刑」――これはイエスを描いたもので、イエスは腰巻きとしてタリト(祈祷用のショール)を身につけ、殉教者としてのユダヤ人の無限の物語を表現している――などでもっともよく知られているであろう。

彫刻の分野では、サー・ジェイコブ・エプスタインは、胸像の制作者として、とくにアルバート・アインシュタインのブロンズの胸像(一九三三年)で国際的な名声を手にした。前出のジャック・リプシッツは、ナチの手から逃れてヨーロッパで過ごした二年の間に構想を練った後、ニューヨークで「母と子」を生み出した(一九四一―四五年)。現在それはエルサレムのイスラエル・ミュージアムの中庭に立っている。カイム・グロスの「十戒」(一九七〇―七一年)は、ニューヨークのジョン・F・ケネディ空港のシナゴーグに飾られている。

哲学と神学

ユダヤの哲学は、バグダードのラビのアカデミーで、サアディア・ガオン(八八二―九四二年)

からはじまった。彼の主著『信仰と意見の書』は、神の存在や霊的性格、世界の創造、人間の自由と責任といった、ユダヤ的教えの妥当性を示す努力であった。彼によれば、「トーラー」とその多くの戒めは、神の独断的な命令ではなくて、その基礎に神の知恵をもつものである。安息日には礼拝せよという戒めでさえ、正当な根拠がある。すなわち、定められた（礼拝の）時や神を礼拝する道がなければ、宗教共同体は基盤をもたないものとなり、存続することができなくなる。

ユダヤ哲学の次の時代はイスラームのスペインで起こった。ソロモン・イブン・ガビロール（一〇二一—五八年）の詩『王族の冠』は、ユダヤ教の宗教的儀式の一部となり、それは現在でもヨム・キプールに朗唱されている。ユダ・ハレビ（一〇八五—一一四一年）は、『クザリ』と題する書物を著わしたが、それは知恵に達することができない哲学者たちを扱ったものである。彼らは預言のメッセージや神の啓示に耳を貸さないからだ、とされている。

中世のユダヤ人と非ユダヤ人の思想にもっとも強烈な影響を与えたユダヤ人哲学者は、多分、モーゼス・マイモニデス（一一三五—一二〇四年）であろう。彼はヘブライ法について多くを著作したが、論理学、法、医学、数学、哲学、神学などの分野でも重要な貢献をした。彼の著作『途方に暮れている者への手引き』は、ユダヤ教の哲学的・神学的著作の傑作であり、それは一三世紀の早い時期にアラビア語からヘブル語やラテン語に翻訳された。一七世紀、アムステルダムでポルトガル系ユダヤ人の家庭に生まれたオランダの哲学者バルーフ（ベネディクトゥス）・スピノザは、神や、倫理学、自然に関して過激な思想を唱道したため、シナゴーグから追放された。スピノザは新しい

ＹＨＷＨの意味

ユダヤ人は神にたいして非常に大きな敬意を払ったので、神の名を口にしない。神がご自身に与えた名は、エイェ・アシェル・エイェ（「わたしはあってある者」）であった（出エジプト記3：14)。エイェは、「ある、存在する」を意味する動詞の第一人称、単数形であり、YHWHはこの同じ動詞の三人称、単数形であるから、「おん方はある」とか、「おん方はあるであろう」を意味し、「おん方はあってあるお方」、「おん方はあってあるであろう方」の言い回しの中の最初の語である。

哲学の学派をつくらなかったが、後の哲学者や詩人たちに与えた影響は計り知れない。彼の著作でとくに重要なのは、『エチカ』と『神学・政治論』である。

マイモニデスとスピノザの二人の思想と著作は、ユダヤ人が西欧文化の主流に組み込まれるはるか前から読まれていた。ヨーロッパにおいてユダヤ人が解放され、ユダヤ教が他の文化の中により深く組み込まれていったとき、ユダヤ人哲学者たちは、ユダヤ教の外にある思想の世界を、それまで以上に探究しはじめた。モーゼス・メンデルスゾーン――彼は改革派のユダヤ教の展開に寄与した――が、その先鞭をつけた。これらのより近代的な思想家たちの一つの特色は、古い思考形式を打ち破って、新しい思考形式をつくりだすその能力だった。ヨーロッパ思想の中でもっとも重要なユダヤ人は、アンリ・ベルグソンである。ドイツにおいては、カール・マルクスが社会主義や共産主義の背後にある諸観念をつくりだした。オーストリアにおいては、ジグムント・フロイトが精神分析学を開拓した。現代の西欧思想の大きな潮流は、主に、この者たちの著作に由来する。彼らにしたがった他の多くの者たち、たとえば、マルティン・ブーバーやハナ・アーレントらも重要な貢献をなした。

教育

教育、とくに若者の教育は、ユダヤ教の中で主要な役割をになってきた。伝統的に、ユダヤ教育は、ユダヤ人の宗教を中心としてきた。ラビのユダヤ教の時代、「イェシヴァ」(法規を教える学院)のネットワークが発展し、主に聖書と『タルムード』を教えた。これらの学院は、多数の卓越した法規学者を生みだした。概して言えば、この手の教育は、伝統的なユダヤ教徒にとって、もっとも敬意をはらわれた教育形態であったばかりか、一八世紀まで、主要な教育形態であった。

既述のように、モーゼス・マイモニデスの著作は、西欧社会におけるユダヤ人の地位を劇的に改め、向上させた。しかし、西欧的視点からもたらされたより完全な変化は、長い時間をかけて徐々に起こった。ヨーロッパにおいて、一部のユダヤ人は、知的サークルにゆっくりと入っていった。そしてある者は、社会的敬意を払われるようになった。たとえば、ベンジャミン・ディズレリィのような指導者、ハインリッヒ・ハイネのような作家、アルバート・アインシュタインやニールス・ボーアのような科学者である。ユダヤ人は次第にヨーロッパの大学で名誉ある高い地位につくようになった。そのため、ヨーロッパ出身のユダヤ人教授や科学者は、ホロコーストを逃れてアメリカに亡命したとき、その地の大学で教授の地位につくことができた。

第二次世界大戦後、アメリカの大学で、卓越したユダヤ人教師や学者が多くの研究分野で信望を得たので、アメリカのユダヤ人にとって、教育の障害は崩れはじめた。劇的な変化を見たのは、アメリカの大学における「クォーター制」が撤廃されたときである。この制度が存在していたときには、限られた数のユダヤ人しか大学への入学を許されなかった。そのため、資格のある多くのユダヤ人子弟が最良の大学で学ぶことはできなかった。しかし、それが撤廃されると、ユダヤ人子弟は、大量に名門大学に入学するようになった。とくにニューヨーク州の多数の大学では、何万というユダヤ人子弟が高等教育の機会を与えられ、なかでも医学や、歯学、精神医学などの分野で、大きな働きをするようになった。

アメリカの大学における教育は、非ユダヤ人限定のサークルをユダヤ人に開放した。教育の分野において、ユダヤ人は公立の学校や宗教色のない私立の学校で教鞭を取ったり、研究できるようになった。彼らはまた、ユダヤ系の教育機関、たとえば、イェシヴァ大学（正統派のユダヤ人子弟のための高等教育機関）やブランダイス大学（一九四八年に創立された宗教色のない大学）などで勉強している。

ヨーロッパや中近東のユダヤ人は、ビジネスの分野で長い歴史をもっている。実際、ユダヤ人のたどったディアスポラの土地のルートの一部は、彼らの関わった金融業務や交易に関係している。

アメリカにおいては、ユダヤ人も多種多様なビジネスを展開してきた。しかし、アメリカの大学における教育の機会均等は、ユダヤ人子弟に、かつては働くことのできなかった法律事務所や、ビジネス、その他の組織で活躍するのを可能にし、彼らはその専門分野やビジネスの世界の主流に入り込んでいる。

科学と医学

科学や医学の進歩への個々の多くのユダヤ人の貢献は計り知れない。なかでも、ドイツの生理学

相対性理論の父、アインシュタインの講義風景。

者で病理学者であったオスカル・ミンコフスキー（一八五八―一九三一年）は、糖尿病のパイオニア的研究を行い、糖尿病患者の膵臓の分泌物――後にホルモン・インシュリンと同定された――の抑制作用を発見した。

多分、われわれの時代の最大の科学者は、ドイツ生まれの物理学者アルバート・アインシュタイン（一八七九―一九五五年）であろう。彼を著名にしたのは相対性理論で、それは原子力エネルギーの開発の基礎になった。一九二一年、アインシュタインはノーベル物理学賞を受賞した。彼はドイツのナチ政府が財産と市民権を取り上げた一九三一年に、合衆国に移り住んだ。彼はシオニズム運動の支持者であった。一九五二年、彼はイスラエル国家の大統領の地位を与えられたが、その地位にふさわしくないと考えて、それを辞退した。

一九五三年、アメリカの医学者ジョナス・エドワード・サルク（一九一四年―）が、ポリオに有効な試験用ワクチンを開発した。このワクチン実験の最初の人間モルモットは、サルク自身、彼の妻、そして彼らの三人の息子だった。ワクチンの安全性と有効性が認められ、一九五五年の春、合衆国で使用許可がおりた。この研究の結果、サルクはドワイト・D・アイゼンハウアー大統領による大統領顕彰やアメリカ議会の金メダル授与を含む、多くの栄誉を受けた。彼は賞金はいっさい辞退し、ワクチン改良の研究に没頭した。

もう一人アメリカの医学者バルーフ・サミュエル・ブラムバーグ（一九二五年―）は、B型肝炎に有効な抗原を発見した。彼の発見の結果、他の研究者が肝炎に有効なワクチンを開発した。一九七六年に彼は、感染性ウイルスの病気の原因と伝播に関する研究で、ノーベル生理学・医学賞を授与された。

翌年、ノーベル生理・医学賞が、もう一人のユダヤ系アメリカ人の医学者に与えられた。ロザリン・ヤーロウ（一九二一年―）である。彼は内分泌組織を解明し、血糖中の微量の分泌物を測定する方法を開発した。放射性免疫分析（RIA）と呼ばれるこの方法は、科学や医学の分野で広く応用されたが、糖尿病患者の血糖中のインシュリン不足の測定にとくに役立った。彼女の発見は、糖尿病研究にまったく新しい次元を切り開くものだった。

他の多くのユダヤ人科学者も、医学の知識の進歩に寄与した。たとえば、梅毒検査のためのヴァッサーマン・テストを開発したオーガスト・フォン・ヴァッサーマン、梅毒の治療薬の最初の開発者パウル・エーリッヒ、ジフテリアの診断用の皮膚検査法の開発者ベラ・シック、ビタミンCが壊血病に有効であることを発見したアルフレッド・ヘス、脚気の治療でビタミンBを最初に使用したカシミール・フンク、ポリオ予防の経口ワクチンを開発したアルバート・サビンらである。

文学

第2章と第4章で論じたように、聖書は、その内容と表現形式のゆえに、西欧世界にもっとも大きな影響を与えた文書の一つである。ユダヤ人の哲学者や知識人の著作も、近代思想の形成にあずかった。文学の領域においても、ユダヤ人作家や詩人は傑作を残した。

ユダヤ人作家の多くが、ユダヤ人の人生や体験をテーマとして取り上げる。ホロコーストを生き抜いたスウェーデンの女流詩人ネリー・ザックスは、一九六六年に、その作品『避難と変貌』にたいしてノーベル文学賞を授与された。ユダヤ系アメリカ人の文学も二〇世紀に隆盛した。メアリー・アンティンの『約束の地』（一九一二年）は、移民物語の最高傑作とされている。デイヴィッド・カハンは、その小説『デイヴィッド・レヴィンスキーの立身出世物語』（一九〇七年）の中で、ユダヤ人移民の出世志向が提起した道徳的問題を扱ったが、同じ関心は、クリフォード・オデッツやエルマー・ライスらの戯曲にも見られる。ヘンリー・ロスの『それを眠りと呼んで』（一九三四年）も、移民の体験を映し出しているが、それはバーナード・マラマッドの初期の作品『アシスタント』（一九五八年）や『魔法の樽』（一九五八年）と同じである。

二〇世紀の後半、アメリカのユダヤ人たちの多数が都市を離れて郊外に移りはじめた。作家のフィリップ・ロスは、この変貌しつつあるユダヤ人社会をユーモアを交えて描いた。彼は、『さよならコロンバス』（一九五九年）や『ポートノイの不満』（一九六九年）の中で、「ユダヤ系アメリカ人のプリンセス」のような型にはまった人物を揶揄した。ハーマン・ウォークは、その小説『マージョリー・モーニングスター』（一九五五年）の中で、ユダヤ人の出世志向を風刺した。この風刺精神は今日でも、短編小説家グレース・パレイに見られる。パレイの作品には『男のちょっとした騒ぎ』、『愛し合う男と女』、『最後の瞬間の大きな変革』などがある。

三人のユダヤ系アメリカ人がノーベル文学賞を受賞した。一九二八年にルーマニアに生まれたエ

新郎新婦を中に入れての踊り。ホラーと呼ばれる。

リ・ヴィーゼルは、ホロコーストを生き残り、アメリカに移住した。彼の小説、たとえば『夜』などは、ホロコースト体験をしばしば語るものであり、強烈である。一九〇四年にポーランドに生まれたアイザック・B・シンガーは、中央ヨーロッパのイディッシュ文化や、その民話、そのゲットーを取り上げる。一九一五年にカナダに生まれたソール・ベローは、シカゴや二〇世紀のアメリカン・ライフを取り上げる。その登場人物は、ユダヤ人であることが多いが、彼らの日常生活の宗教的側面は重要なものとはされていない。『オーギー・マーチの冒険』(一九五三年)や『雨の王ヘンダソン』(一九五九年)は、大きな話題をあつめた。ベローは、この点で、その作品がアメリカ文化の主流に属する多数のユダヤ系アメリカ人作家の一人である。そうした作家の中には、アーサー・ミラーや、ノーマン・メイラー、J・D・サリンジャー、スーザン・ソンタグ、E・L・ドクトロー、アイザック・アシモフ、ジョーゼフ・ヘラーらがいる。

映画と芝居

アメリカのユダヤ人は、映画や娯楽産業の早い時期から傑出した役割を演じた。たとえば、メトロ＝ゴールドウィン＝メイヤーのハリウッドのスタジオは、一九二四年に二人のユダヤ人移民、サミュエル・ゴールドウィンとルーイス・B・マイヤーによってつくられたのである。多くのユダヤ人もまた映画監督や、俳優、女優として名声を獲得した。スティーブン・スピルバーグ、ダスティン・ホフマン、バーブラ・ストライザンド、ジェイン・ワイルダーはそのわずかの例である。

アメリカの劇場もまた多くのユダヤ人の劇作家の才能に恩恵を被っている。リリアン・ヘルマンや、エルマー・ライス、そしてクリフォード・オデッツらは、一九三〇年代に非常に大衆受けする芝居を書いた。モス・ハートとジョージ・S・カウフマンのチームは、一九三〇年代にブロードウェーのコメディのヒット作品を連発し、ニール・サイモンは一九六〇年代から世紀の終わりまで単独でヒット作品を生み出したが、その中には「おかしなカップルとブライトン・ビーチのメモワール」がある。おそらくアメリカの劇作家の中でもっとも有名なのはアーサー・ミラーである。彼の古典的名作「セールスマンの死」は一九四九年にピュリッツァー賞を受けた。一九六四年、シェルドン・ハーニックとジェリー・ボックはイディッシュの物語作家ショーラム・アレイヘムが書いた、世紀の変わり目のロシアの貧しいユダヤ人の牛乳配達テビエの物語からミュージカルを書いた。それが「屋根の上のバイオリン弾き」で、三二四二回も公演され、ブロードウェーの歴史でもっとも人気のあるショーの一つとなった。

ユダヤ人の才能は、コメディーの分野でも大いに発揮された。ユダヤ人のコメディアンはしばしば、ニューヨーク州のキャッツキル山中のユダヤ人用の避暑用のホテルや、ニューヨーク市内の演芸場で観客を沸かせた。彼らは自分たち自身や、同胞ユダヤ人を、アメリカ社会一般をおちょくった。ラジオやテレビでは、ジャック・ベニーやミルトン・バールが大人気を博した。マルクス・ブラザーズの映画はアメリカのコメディーの古典である。今日、ウッディ・アレンは人気コメディアンである。ユダヤ人のユーモアの遺産は、ジルダ・ラドナー、ビリー・クリスタル、ジョアン・リヴァーズ、ロザン・バール、そしてメル・ブルックスらに受け継がれた。

ユダヤ的ユーモアの一面は、東ヨーロッパのイディッシュの伝統を強く受けている。レオ・ロステンは、その作品『イディッシュの喜び』の中で、イディッシュの単語や、表現、構文などが「ショウ・ビジネス」を媒体としてアメリカ人の語彙の中に入り込んだことを指摘する。yenta（ゴシップ）、chutzpa（くそ度胸）、kibitzer（お節介屋）、oy vey（呪いの言葉）などの表現は、多くのアメリカ人に馴染みあるものである。

音楽

聖書は、主を讃美する音楽や、歌、踊りについて多くのことを書いている。一五〇篇から成る詩篇はユダヤ人の讃歌集であり、ダビデ王はそのうちの多くを書いたとされている。現代の多くのユダヤ人作曲家や非ユダヤ人作曲家が、詩篇や聖書のその他の部分を主題にして作曲している。ヘンデルの「メサイア」はヘブライの預言者たちのテクストにもとづいている。

何世紀にもわたって、シナゴーグの音楽や宗教的な民族音楽は、口頭で伝えられてきた。それらは近年まで、書き写されることがなかった。一九世紀や二〇世紀に、さまざまな集成が出版されたが、その中には、サミュエル・ナウムブルグの収集したイスラエルの宗教音楽についての『ゼミロート・イスラエル』（三巻、一八四七年）がある。ユダヤの伝統的な宗教音楽をもっとも広範囲にわたって収録したのは『ヘブライ・オリエント旋律宝典』（十巻、一九一四—三二年）である。

ユダヤ系のクラシック作曲家の多くは、ヨーロッパの文化的環境の精神の中で、その芸術作品を生みだした。これらの者の中には、フェーリックス・メンデルスゾーンや、ジャコモ・マイヤーベーア、ジャッキュ・ハレヴィ、ジャッキュ・オッフェンバッハ、アントン・ルビンシュタイン、カール・ゴールドマーク、グスタフ・マーラー、アルノルト・シェーンベルクらがいる。同じことが、現代のアメリカの作曲家アーロン・コープランドについても言える。彼はオーケストラ用の組曲『アパラチア山地の春』で知られている。

エルンスト・ブロッホは、作品をつくりだすのに、ユダヤの民族音楽に直接したがうのを好まなかったが、ユダヤ音楽の作曲家として分類しても差し支えないであろう。彼の一部の作品のテーマは、シナゴーグでの礼拝音楽を色濃く反映しているので、それらはとくにユダヤ的であると考えられる。最近のユダヤ人作曲家、たとえば、レナード・バーンスタインや、アーロン・ロートミューラー、エーリッヒ・シュテンベルグらは、イスラエル音楽（とくにパレスチナの民族音楽や舞踏など）に由来する旋律を使用している。これらの作曲家はすべて、そのインスピレーションの主要な源泉が何であるにせよ、現代音楽に重要な貢献をした。

ユダヤ系の著名なミュージシャンを紹介するにあたって、二〇世紀のバイオリン奏者の三人の巨匠、ヤッシャ・ハイフェッツ、フリッツ・クライスラー、アイザック・スターンの名を落とすわけにはいかないし、また世界的なピアニストのリストの冒頭にアルトゥール・ルービンシュタインの名を挙げねば、それは不完全なものであろう。加えて、世界の交響楽団やオペラ劇場で活躍するユダヤ人アーチストの数はほとんど無限である。合衆国のオーケストラ調査の結果に見られる、ユダヤ人団員数は圧倒的である。

ユダヤ人の才能は、ポピュラー音楽の世界でも発揮されている。オスカー・ハマースタインは、ニューヨーク市に少なくとも十のオペラ劇場を建てたオペラ興行主だった。その息子、オスカー・ハマースタイン二世は、リチャード・ロジャーズとのコンビで、ブロードウェーのミュージカルの多くを作詞した。レナード・バーンスタインの「ウエスト・サイド物語」は、ブロードウェーのミュージカルの中でもっともよく知られたものである。

その他のユダヤ人歌手には、メル・トーメ、ニール・ダイアモンド、エセル・マーマン、ハーシエル・ベルナルディ、バーブラ・ストライザンド、ポール・サイモン、アート・ガーファンクルらがいる。

8　現代のユダヤ教

シナゴーグでのシャバットの午後の礼拝で、ユダヤ人は主に向かって、「この地上に、あなたの民のような部族が他にいるでしょうか」と問いかける。実際、歴史的に見て、ユダヤ人は、その受け継いできたものの豊かさと、彼らを結束させた固い絆という二つの点で、他に例を見ない民族であることを証明してきた。この歴史の大半の時期、彼らは、その共有する宗教的伝統によって、固く結ばれてきた。しかし、現代という時代は、多様なユダヤ文化と宗教的信条を見る。今日のユダヤ人の間には一致が見られるが、彼らはさまざまな挑戦にさらされている。

宗教的な衝突と解決の試み

伝統的に、「トーラー」がユダヤ人を一つにしてきた。イスラエルの北王国がアッシリアで捕囚の憂き目にあったとき、彼らは、この宗教的基盤の重要性を発見した。この時期に、イスラエル部族は「トーラー」を捨て、散らされ、そして自らのアイデンティティを喪失した。ユダ部族（南王国）が民を一つにする「トーラー」の形成力を再発見したのは、バビロン捕囚のときである。彼らは「法」を再び遵守したため、捕囚の間も一つであり、エルサレムに帰還して神殿を再建することができた。この第二神殿が破壊された後、「トーラー」と『タルムード』の二つがディアスポラの民を一つにし、多くの国々でどんな試練を受けても、彼らを結束させた。

啓蒙主義時代は、ユダヤ哲学の幕開けの時代であった。道徳主義的で合理主義的なユダヤ哲学は、正義や自由のような普遍的な人間的価値への献身をもたらした。これらの価値は受け継がれ、新しいユダヤ的伝統に生きる人びとを一つにした。彼らは、それまでの伝統的な生き方がユダヤ人を当惑させ、周囲の非ユダヤ人から自分たちを分かつ原因になっていると感じさえした。新しいユダヤ教——改革派ユダヤ教——が、「トーラー」や『タルムード』の伝承のヤハウェとは異なる、神観念をもって登場してきた。改革派ユダヤ教の神は、正義と自由の追求を要請した。この新しい運動で、正統派のユダヤ人と改革派のユダヤ人の間に亀裂が生じた。

はるか後になって、保守派ユダヤ教が正統派ユダヤ教と改革派ユダヤ教の間のギャップの橋渡しを試みたが、これはユダヤ的伝統をさらに分断させた。「再建派」が登場してきたとき、ユダヤ教内部により深い溝が生まれた。再建派のユダヤ人は、ユダヤ教の宗教的側面をあまり強調せず、もろもろの理想を人格的な神に置き換え、ユダヤ的一致の民族的《エスニック》基盤を強調した。

異なる宗派へのユダヤ教の分裂は、その宗派の者の間に大きな緊張をもたらした。正統派のユダヤ人は、近代の諸運動を、伝統的なユダヤ教への背反と見る。最初、改革派や、保守派、再建派の

1981年にエルサレムで開かれた、ホロコースト生還者の第一回世界集会。収容所で死んだ家族を記念して蠟燭に火をともしている。

運動はいずれも、伝統的形式の礼拝を退けた。近年、彼らは再び伝統的な慣習の多くを取り入れるようになり、そのため、表面的な緊張は一部緩和された。しかし、多くの場合、正統派でないユダヤ人の運動が、伝統的な儀式に新しい意味を与えたのである。彼らは、彼らの宗教的実践を、正統派のユダヤ人には受け入れがたい新しい方向に組み入れた。その一つの例は、改革派と保守派のユダヤ人が取り入れた若い女子のための「バット・ミツヴァ」の儀式である。もう一つの例は、女性をラビに叙任することである。確かに、調査によれば、非正統派のユダヤ人の間で、伝統的な儀式への回帰が認められるが、彼らによる儀式への意味内容の変更や、フェミニズムなどの現代の運動への彼らの関わりは、しばしば、より深刻な相違とより大きな緊張の原因になっている。

ホロコーストとその記憶

ヨーロッパにおけるホロコーストは、六〇〇万以上のユダヤ人を殺した。それは多くのユダヤ人家族を破壊し、世界の良心に消すことのできない印象を与えた出来事である。最近まで、大半のユダヤ人は、ナチの暴虐の犠牲になった家族の者について、鮮明な個人的記憶をもっていた。しかし新しい世代のユダヤ人にとって、それは直接的には感じられない遠い時代の出来事になっている。子供たちは、これらの恐怖の時代の歴史を授業の一環として学習するか、アンネ・フランクの日記やエリ・ヴィーゼルの小説を読んだりして学ぶが、この恐ろしい出来事の「実相」（リアリティ）を次の世代に伝えることは困難になっている。この記憶を生かしつづけることは、今日の世界における一大挑戦である。とはいえ、多くの者は、悲痛の叫び声「二度とあってはならない！」とともに、それは彼らがすべての者に示しつづけねばならぬ教訓であると信じている。

しばらくの間、ホロコーストは東ヨーロッパと全世界にかくも大きな衝撃を与え、そのため、アンチ・セミティズム〔反ユダヤ主義〕の感情は激減したように見えた。しかしながら、フランスや、ベルギー、ドイツ、ギリシアで起こった嫌がらせや事件——ユダヤ人の墓地が荒らされたり、シナゴーグが焼き討ちされたり、ユダヤ人が襲撃されたりした——は、アンチ・セミティズムが再び起こっていることを示している。ホロコーストの教訓は色あせていくように見える。

今日、東ヨーロッパは、旧ソ連邦の崩壊でその支配から解放されたが、ユダヤ人や非ユダヤ人は、アンチ・セミティズムが再びかま首をもたげるのではないかと恐れている。旧ソ連邦は民族間の緊張をコントロールしたが、その崩壊で、それまでの緊張が再発するかもしれない。アメリカやヨーロッパにおけるユダヤ人の多くの運動は、アンチ・セミティズムが再び起こることを警戒する。彼らはバチカンにたいして、アンチ・セミティズムを非キリスト教的と告発した一九六五年度の教皇回勅「われらの時代に」（Nostra Aetate）の再配布を要求した。その結果、偏見と戦うために、何万部もの回勅の写しが東ヨーロッパ諸国において配布された。それでも、その挑戦は依然として深刻である。

イスラエルの国家

ユダヤ人の独立した民族的郷土をもとめるシオニズム運動は、ホロコーストの起こる前から存在した。多くの国々がそれを支持したのは、第二次世界大戦後に、ヨーロッパやアメリカの人びとがナチの強制収容所から解放されたユダヤ人に定住する土地のないことを知ったときである。ほかならぬユダヤ人の間でも、かつてはユダヤ人国家の建設に反対する動きがあった。とくに、ディアスポラをユダヤ人の常態と見なした改革派のユダヤ人は反対した。彼らはまたこう信じた。イスラエル以外の国々における、異邦人の間でのユダヤ人の生活こそが、ユダヤ人をして、非本質的な宗教儀式から離れさせ、逆に、改革派のユダヤ教にとって本質的であると見なされるより大きな普遍的・人間的価値の育成に向かわせる、と。しかし、この考えはホロコースト後に改められ、改革派のユダヤ人は、いやすべてのユダヤ人は、新生イスラエル国家に集まったのである。正統派のユダヤ人は、イスラエルに移民せねばならぬいかなる宗教的理由も見いだしていない。多くの正統派のユダヤ人は、自分たちの宗教的実践で、ユダヤ人国家の問題が少しずつ解決されると見ている。二〇〇二年の一月、イスラエルの高等裁判所は、正統派の立場とは反対に、イスラエルの外で正統派でない者の手で改宗した者でも法的にはユダヤ人と見なされると宣言した。多くのユダヤ人は、かくも大きな困難にもかかわらず、イスラエル国家の創建はユダヤ人の存在を正当なものにしたと認識している。その所属できる独立国家をもたないで、一体いかにして、ユダヤ人は自らを民族と見

世界の主要都市のユダヤ人人口

ニューヨーク	190万
ロサンジェルス	58万5000
テル・アビブ-ヤッファ	34万1000
パリ	35万
フィラデルフィア	31万5000
モスクワ	18万
ロンドン	20万
エルサレム	42万2000
シカゴ	25万
マイアミ	53万5000
ハイファ	22万600
キエフ	10万
ボストン	22万5000
サンクト・ペテルスブルグ	8万
ワシントン	16万5000
モントリオール	10万
トロント	17万5000

なすことができただろうか。

イスラエル国家が創建されたため、新たな緊張が生じた。ユダヤ人は、その土地が自分たちのものであると主張して、他の多くの民族、とくにパレスチナのアラブ人をそこから追い出したからである。パレスチナ人もまた、自分たちの民族的郷土がイスラエルの地域にあると信じている。アラブ－イスラエルの緊張は、一九七三年の十月、ヨム・キプール戦争で具体化した。彼らパレスチナ人は自爆を繰り返している。それはイスラエルの中で起こるのであり、イスラエルの当局者はテロリストと見なすパレスチナ人に自爆を止めさせようと軍事的努力を行っている。アラブ－イスラエル関係は一進一退を繰り返しているが、イスラエルはつねにその緊張に脅かされている。実際、その緊張は高まっているように見える。西岸とガザの領地における二つの別個の国家の話し合いは、かつては平和的共存のための希望をもたらすものだったが、二〇〇二年の敵対的な衝突の中では、その希望を減じるものとなっている。イスラエル人とパレスチナ人の衝突は平和への希望を打ち砕いているように見える。

これらの軍事的緊張とは別に、イスラエルはそれ自身の国内問題を抱えている。イスラエルは自己を近代国家、西欧世界の一員と見なしている。イスラエルは多くの点で中近東の国々のようではなくてヨーロッパの国々のようである。イスラエルに新しい民族的郷土をもとめてロシアから逃れてきたユダヤ人は比較的簡単に同化した。ロシアのユダヤ人はイスラエルでの生活に適応するさいに役立つとされる教育や技術を身につけていたからである。しかしながら今日、多くのユダヤ人移民が、訓練や教育を受けることのなかった国々から到着しているのである。そのような移民の同化は困難を極めている。この状況は、イスラエル生まれのユダヤ人の低出生率とイスラエル国内におけるユダヤ人でない者の高出生率の問題と絡んで、イスラエルを、その性格においてより西欧的ではなく、中近東の他の国々により似た社会へと転換させるかもしれない。

アメリカにおけるユダヤ教への脅威

アメリカにおいて、ユダヤ人へのある種の偏見は依然として存在するが、概して彼らは、経済的にも社会的にも自由に進出することができる。各種のユダヤ人団体が差別や偏見と戦うために組織されてきた。「アンタイ・デファメーション・リーグ」(Anti-Defamation League) は最前線で偏見と戦ってきた。「ヒレル・ファウンデーションズ」(Hillel Foundations) は、学生のためのユダヤ人センターをキャンパス内に開くため大学に設けられている。アメリカン・ジューイッシュ・コミティー(一九〇六年創設)、アメリカン・ジューイッシュ・コングレス(一九三二年創設)、ワールド・ジューイッシュ・コングレス(一九三六年創設)などは、ユダヤ人擁護の目的に奉仕し、キリスト教との対話を促進し、社会正義の実現のために働きつづけている。

他方、一部の正統派のユダヤ人が認めるように、偏見が少なくなった結果、若い世代の多くのユダヤ人が、今や宗教上の違いや、他宗派の者との結婚を小さな問題として見なしている。他宗派の者との結婚が日常的になると、ユダヤ的生活の骨格が崩れる危険を招来する。他宗派の者との結婚から生まれた家族は、その周囲のより大きな文化的環境に融合し、ユダヤ人家族や、家庭での礼拝を大切にするユダヤ的伝統を喪失する危険をおかす。

われわれは、たとえば、「ダブルー・エメット」（「真実を話せ」の意）のような運動の中にこの不明確さを見ることができる。異なる宗教の人たちを一つにしようとするこの努力は、理解を促進しようと努力し、すべての宗教が共通にもっているものを強調する。しかし、一部のユダヤ人指導者はこの運動に反対を唱えている。彼らはその運動にユダヤ人のアイデンティティへの危険を見るのである。彼らの議論によれば、一般的な共同体はつくられるかもしれないが、ユダヤ人自身の特殊な性格や伝統への焦点の欠如から、ユダヤ人の共同体が何よりも被害を被るのである。

別の方向においてであるが、ユダヤ人にたいする偏見は、一部のユダヤ人に、他文化の「許容する」基準にしたがって行動しようとさせた。彼らは、本来のユダヤ的振舞いを変えることによって、他文化が「異なる」者たちに加える制約を逃れることができる。ユダヤ人にとって、彼らの住む国々の文化に同化することは必要だったが、偏見のより少なくなった今日、彼らはより自由にかつより伝統的に暮らし、その宗教を実践できる。同化は、ユダヤ人としてのアイデンティティを喪失する危険をはらんでいる。同化はアメリカのユダヤ人にとって真の挑戦である。

エピローグ

多くの世紀を経た後でも、その存在への挑戦や脅威はある。しかし、ユダヤ教は依然として生ける宗教であり、文化である。今日、ユダヤ人は多くの新しい挑戦を受けているが、彼らは、これからの未来を約束する資力と富――宗教的なものと文化的なものの双方の――をつくりだした。彼らの過去を大きく特徴づけた挫折を介して、試練と隷従、勝利と解放を介して、ユダヤ人は、信仰や、文化的同一性、同族性、共通の遺産によって一つにされた強い民族になっている。

訳者あとがきに代えて
――ユダヤ史、ユダヤ教史などを知るための日本語書物

本書は、「シリーズ世界の宗教」に収められた、マルサ・モリスンとスティーヴン・F・ブラウンの共著『ユダヤ教』の改訂新版（ニューヨーク、ファクツ・オン・ファイル社、二〇〇二年）である。モリスンはブランダイス大学で古代中近東の歴史と文学を専攻した学徒で、ブラウンは現在ボストン・カレッジで神学と宗教を教えている。

訳者は旧版（邦訳一九九四年）を一読したとき、ユダヤ教の歴史が簡潔にまとめられているという印象を受けたが、この改訂新版を手にして再び同じような印象を新たにした。簡潔にまとめることは、何事においても難しいが、それはとくにユダヤ教の歴史について言えるであろう。何しろ彼らユダヤ人の歴史と宗教は、四〇〇〇年以上におよび、たんに時間的なスパンが長いというだけではなく、神殿と都エルサレムを喪失した紀元後七〇年以降は、世界的な広がりをもつようになった

からである。ここにユダヤ教史を書く困難が存在する。モリスンとブラウンは、この困難な仕事に挑戦し、しかもそれを一般読者に分かる仕方で提示した。並み大抵の力量ではない。しかし、本書は簡潔であるがゆえに、食い込みの足りない面も少々残っている。そこで、旧版においては、ユダヤ民族の歴史や宗教をさらに掘り下げたいと願う読者のために、日本語で書かれた、あるいは日本語で入手できる書物を紹介したが、この改訂新版でも、ユダヤ教（とそれから派生したキリスト教）を理解するのに必要な、主に最近の書物を紹介する。

1——テクストおよびそれに関連する書物、論文など

■聖書関係（正典）

（1）『新共同訳聖書』（旧約と新約）

（2）岩波版『旧約聖書』

日本の代表的な旧約学者の手になる翻訳。

（3）岩波版『新約聖書』

日本の代表的な新約学者の手になる翻訳。

（4）フランシスコ会版『聖書』

カトリックの学者による聖書。註が詳しい。

（5）秦剛平訳『七十人訳ギリシア語訳聖書』5分冊（河出書房新社）

七十人訳聖書はヘレニズム・ローマ時代のユダヤ人、最初期のキリスト教徒、最初の数世紀のキリスト教会が使用した聖書。「聖書の中の聖書」と評される聖書で、ユダヤ教やキリスト教研究

に不可欠。モーセ五書の刊行につづく、他の書の刊行が予定されている。

■聖書関係（正典以外）

（1）『新共同訳聖書』所収の「旧約聖書続編」として分類されている文書

（2）『聖書外典・偽典』（教文館、一九七五～八二）七分冊（別巻二分冊）

（3）秦剛平『旧約聖書続編講義』（リトン、一九九九）

本書は主として、『新共同訳聖書』所収の「旧約聖書続編」として分類されている文書を詳細に解説したもの。

■死海文書関係

（1）『死海文書』（日本聖書学研究所編、山本書店、一九九六）

死海文書関係の基本的テクストの翻訳と解説。

（2）ヴァンダーカム、ジェームス・C『死海文書のすべて』（秦剛平訳、青土社、一九九五）

本書は死海文書研究の現状を語ったもの。

■ヘレニズム・ローマ時代の文書

（1）ヨセフス、フラウィウス『ユダヤ戦記』全七巻（新見宏＋秦剛平訳、山本書店［1～3］、一九八一～八二／秦剛平訳、ちくま学芸文庫［1～3］、二〇〇二）

ヨセフスは紀元後一世紀のパレスチナ生まれのユダヤ人。対ローマのユダヤ戦争（六六～七〇年）にユダヤ側の指揮官として参加。戦後、ローマ側の捕虜として、ローマに連行される。

（2）ヨセフス、フラウィウス『ユダヤ古代誌』［二〇巻］（秦剛平訳、山本書店、一九七九～八四／ちくま学芸文庫［1～6］、一九九九～二〇〇〇）

(3)ヨセフス、フラウィウス『アピオーンへの反論』[二巻]（秦剛平訳、山本書店、一九七七）

(4)ヨセフス、フラウィウス『自伝』一巻（秦剛平訳、山本書店、一九七八）

(5)フェルトマン、ルイス・H＋秦剛平共編「ヨセフス研究」（山本書店）四分冊の、『ヨセフスとユダヤ戦争』（一九八五）、『ヨセフスとキリスト教』（一九八五）、『ヨセフス・ヘレニズム・ヘブライズム 1』（一九八五）、『ヨセフス・ヘレニズム・ヘブライズム 2』（一九八六）

(6)コーエン、S・J・D『ヨセフス――その人と時代』（秦剛平＋大島春子訳、山本書店、一九九一）

(7)秦剛平『ヨセフス』（ちくま学芸文庫、二〇〇〇）

(8)ヤディン、Y『マサダ』（田丸徳善訳、山本書店、一九七五）

死海の西南端のマサダは、対ローマのユダヤ戦争でユダヤ側の最後の抵抗の拠点となった砦。

(9)フィロン『フラックスへの反論＋ガイウスへの使節』（秦剛平訳、京都大学学術出版会、二〇〇〇）

フィロンはアレクサンドリア生まれのユダヤ人哲学者にしてユダヤ人共同体の指導者。本書はアレクサンドリアの反ユダヤ主義の知事フラックスに反論した文書、およびユダヤ人の権益を守るために皇帝ガイウスに陳情したときの様子を綴った文書を収録。

(10)平石善司『フィロン研究』（創文社、一九九一）

■**エウセビオス（四世紀のキリスト教史家）**

(1)エウセビオス『教会史』三分冊（秦剛平訳、山本書店、一九八六〜八八）

イエスの時代から四世紀までの教会の歴史を扱ったもの。

（2）エウセビオス『コンスタンティヌスの生涯』（秦剛平訳、京都大学学術出版会、二〇〇四）
（3）アトリッジ、ハロルド・W＋秦剛平共編「エウセビオス研究」［三巻］（リトン、一九九二）
（『キリスト教の起源と発展』、『キリスト教の正統と異端』、『キリスト教とローマ帝国』）

■ラビのユダヤ教

『ミシュナ』関係

（1）『ミシュナ 1』（石川耕一郎他訳 教文館、二〇〇三）（ユダヤ古典叢書）
（2）『ミシュナ Ⅰ―1』（石川耕一郎訳、エルサレム宗教文化研究所、一九八五）（エルサレム文庫10）
（4）『ミシュナ Ⅱ―9～12』（石川耕一郎訳、エルサレム宗教文化研究所、一九八六）（エルサレム文庫5）
（5）『ミシュナ Ⅳ―9～10』石川耕一郎訳、エルサレム宗教文化研究所、一九八五）（エルサレム文庫1）

『ミシュナ』を構成するベラホート、シェビィート、メギラーは石川耕一郎によって訳出され出版されたが（エルサレム文庫）、悪化した出版事情のためか、完結を見ていない。

『タルムード』関係

（1）『タルムード ズライームの巻』ペアー篇他（三好迪訳、三貴、一九九七）
（2）『タルムード トホロートの巻』ケリーム篇他（三好迪訳、三貴、一九九七）
（3）『タルムード ナシームの巻』ケトゥボート篇（三好迪訳、三貴、一九九四）
（4）『タルムード ナシームの巻』ソーター篇（三好迪訳、三貴、一九九五）

(5)『タルムード　ナシームの巻』ナズィール篇（倉内ユリ子訳、三貴、一九九六）
(6)『タルムード　ネズィキーンの巻』シュヴオート篇（三好迪他訳、三貴、二〇〇四）
(7)『タルムード　ネズィキーンの巻』アヴォート篇（長窪専三訳、三貴、一九九四）
(8)『タルムード　ネズィキーンの巻』マッコート篇（阪口吉弘訳、三貴、一九九六）
(9)『タルムード　モエードの巻』スッカー篇（宇佐美公史訳、三貴、一九九五）
(10)『タルムード　モエードの巻』メギラー篇（市川裕他訳、ライブ、一九九三）
(11)『タルムード　モエードの巻』ローシュ・ハ・シャナー篇（山田恵子他訳、三貴、一九九七）
(12)ムーサフ＝アンドリーセ、R・C『ユダヤ教聖典入門』（市川裕訳、教文館、一九九〇）
(13)アトリッジ、ハロルド・W＋秦剛平編『エウセビオス研究』（リトン）第二分冊、『キリスト教の正統と異端』所収のエイブリペック論文「『ミシュナー』――神殿喪失後のユダヤ教」

2――古代ユダヤ人の歴史

(1)並木浩一『古代イスラエルとその周辺』（新地書房、一九七九）
(2)マザール、A『聖書の世界の考古学』（杉本智俊＋牧野久美訳、リトン、二〇〇三）
(3)ケラー、W『歴史としての聖書』（山本七平訳、山本書店、一九八四）
(4)『聖書とオリエント世界』（宗教史学研究所編、山本書店、一九八五）に収められたいくつかの論文。とくに石川耕一郎の論文「常態としてのディアスポラ――ユダヤ教理解の一視点として」
(5)パールマン、M『聖書の発掘物語』（小野寺幸也訳、山本書店、一九八七）

3――キリスト教（最初期）関係

■イエス像について

（1）田川建三『原始キリスト教史の一断面』（勁草書房、一九六八）
（2）田川建三『イエスという男』（三一書房、一九八〇／第二版［増補改訂版］作品社、二〇〇四）
われわれのイエス理解を根本から変えた学術書のひとつ。
（3）松永希久夫『ひとり子なる神イエス』（ヨルダン社、一九八七）
（4）松永希久夫『歴史の中のイエス像』（NHK出版協会、一九八九）
キリスト教信仰を堅持する立場からのイエス論。
（5）荒井献・嘉門安雄監『絵伝　イエス・キリスト』（小学館、一九九八）
（6）モルトマン、ユルゲン『イエス・キリストの道』（蓮見和男訳、新教出版社、一九九二）
（7）藤井孝夫『イエス・キリスト　その教会』（新教出版社、一九九四）
（8）マック、バートン・L『失われた福音書』（秦剛平訳、青土社、一九九四）
われわれのイエス理解を根本から変えた学術書のひとつ。
（9）クロッサン、ジョン・ドミニク『イエスの言葉』（秦剛平訳、河出書房新社、一九九五）
（10）大貫隆『ヨハネによる福音書』（日本キリスト教団出版局、一九九六）
（11）シュヴァイツァー、E・エドゥアルト『イエス・神の譬え』（辻学訳、山内一郎監、教文館、一九九七）
（12）クロッサン、ジョン・ドミニク『イエス』（太田修司訳、新教出版社、一九九八）
（13）矢内原忠雄『イエス伝』（角川書店、一九九九）

(14) 河谷龍彦『図説　イエス・キリスト』(河出書房新社、二〇〇〇)
(15) ルナン、エルネスト『イエスの生涯』(忽那錦吾+上村くにこ訳、人文書院、二〇〇〇)
(16) ベルガー、クラウス『死海写本とイエス』(土岐健治監訳、教文館、二〇〇〇)
(17) 松永希久夫『イエスの生と死』(NHK出版協会、二〇〇一)
(18) フルッサー、ダヴィド『ユダヤ人イエス』(池田裕+毛利稔勝訳、教文館、二〇〇一)
(19) 荒井献『イエス・キリスト』上・下(講談社、二〇〇一)
(20) クロッサン、ジョン・ドミニク『誰がイエスを殺したのか』(松田和也訳、青土社、二〇〇一)
(21) マイルズ、ジャック『イエス・キリスト』(五郎丸仁美訳、青土社、二〇〇二)
(22) 荒井献『荒井献著作集2　イエス・キリストと現代』(岩波書店、二〇〇二)
(23) 大貫隆『イエスという経験』(岩波書店、二〇〇三)

■パウロについて

(1) 佐竹明『使徒パウロ』(NHKブックス、一九八一)
(2) ボルンカム、G『パウロ』(佐竹明訳、新教出版社、一九九八)
(3) ルナン、エルネスト『パウロ』(忽那錦吾訳、人文書院、二〇〇四)

4——ローマ時代のユダヤ教

(1) 大澤武男『ユダヤ人とローマ帝国』(講談社、二〇〇一)

5——カバラおよび中世以降のユダヤ思想

（1）エプスタイン、イジドー『ユダヤ思想の発展と系譜』（安積鋭二＋小泉仰訳、紀井国屋書店、一九七五）
（2）荒井章三・森田雄三郎『ユダヤ思想』［朝日カルチャーブックス・シリーズ］（大阪書籍、一九八五）の森田の担当部分
（3）岩波講座『ユダヤ思想』一―二巻（岩波書店、一九八八）、とくにその第二巻所収の、井筒俊彦「中世ユダヤ哲学史」とヨセフ・ダン「ユダヤ神秘主義――歴史的概観」
（4）エプスタイン、パール『カバラーの世界』（松田和也訳、青土社、一九九五）
（5）サフラン、A『カバラ』（西村俊昭訳、創文社、一九九五）
（6）シュラキ、A『ユダヤ思想』（渡辺義愛訳、白水社、一九九六）
（7）ショーレム、ゲルショム『錬金術とカバラ』（徳永恂他訳、作品社、二〇〇一）
（8）箱崎総一『カバラ』［新装版］（青土社、二〇〇二）

6――中世以降のユダヤ史

（1）藤本勝次『マホメット――ユダヤ人との抗争』（中公新書、一九七一）
（2）橋口倫介『十字軍』（岩波新書、一九七四）
（3）ベンサソン、H・H編『ユダヤ民族史』六分冊（石田友雄＋村岡崇光訳、六興出版、一九七七）「中世篇」（2）
（4）ディモント、M・I『ユダヤ人』上・下（藤本和子訳、朝日選書、一九八四）
（5）上田和夫『ユダヤ人』（講談社現代新書、一九八六）

(6) 鈴木董『オスマン帝国』（講談社現代新書　一九九二）
(7) 橋口倫介『十字軍騎士団』（講談社学術文庫、一九九四）
(8) ロス、シーセル『ユダヤ人の歴史』〔新装版〕（長谷川眞・安積鋭二訳、みすず書房、一九九七）
(9) 小岸昭『隠れユダヤ教徒と隠れキリシタン』（人文書院、二〇〇二）

7――ユダヤの伝承世界

(1) ゴールドスタイン、D＋ファーガソン、J『聖書の時代』（斎藤和明訳、河出書房新社、一九九〇）
(2) ゴールドスタイン、D『ユダヤの神話伝説』（秦剛平訳、青土社、一九九二）
(3) トレヴェス・アルカライ、リリアーナ『セファラード』（谷口勇訳、而立書房、一九九六）
(4) サデー、ピンハス編『ユダヤの民話』上・下（秦剛平訳、青土社、一九九七）

8――ナチスによる迫害

(1) シャイラー、ウィリアム・L『第三帝国の興亡』五分冊（井上勇訳、東京創元社、一九六一）
(2) 村瀬興雄『ナチズム』（中公新書、一九六八）
(3) アーレント、ハナ『イェルサレムのアイヒマン』（大久保和郎訳、みすず書房、一九六九）
(4) 村松剛『ナチズムとユダヤ人』（角川文庫、一九七二）
(5) ヒトラー、A『わが闘争』上・下（平野一郎、将積茂訳、角川文庫、一九七三）

(6)フェスト、ヨアヒム『ヒトラー』上・下(赤羽龍夫、関楠生ほか訳、河出書房新社、一九七五)
(7)トレヴァ=ローパー、H・R他『ヒトラー最期の日』(橋本福夫訳、筑摩叢書、一九七五)
(8)野田宣雄「ヒトラーの社会革命」『二十世紀の政治指導』所収(中公叢書、一九七六)
(9)マーザー、ヴェルナー『人間としてのヒトラー——ヒトラー伝1』『政治家としてのヒトラー——ヒトラー伝2』(黒川剛訳、サイマル、一九七六)
(10)山口定『ナチ・エリート』(中公新書、一九七六)
(11)村瀬興雄『アドルフ・ヒトラー』(中公新書、一九七七)
(12)レーヴィ、プリーモ『アウシュヴィッツは終わらない』(竹山博英訳、朝日選書、一九八〇)
(13)アーレント、ハナ『全体主義の起原』三分冊(大久保和郎、大島通義ほか訳、みすず書房、一九八一)
(15)大石芳野『夜と霧は今』(用美社、一九八八)
これにはエリ・ヴィーゼルのエッセーが収録されている。
(16)ヘーネ、ハインツ『ヒトラー独裁への道』(五十嵐智友訳、朝日選書、一九九二)
(17)大澤武男『ユダヤ人とドイツ』(講談社現代新書、一九九二)
(18)レビン、アブラハム『涙の杯——ワルシャワ・ゲットーの日記』(ポロンスキー編、滝川義人訳、影書房、一九九三)
(19)カプラン、ハイム・A『ワルシャワ・ゲットー日記』上・下(松田直成訳、風行社、一九九三~九四)

(20) ヴィーゼル、エリ『夜』[新装版](村上光彦訳、みすず書房、一九九五)
(21) 大澤武男『ヒトラーとユダヤ人』(講談社、一九九五)
(22) ビューラン、P『ヒトラーとユダヤ人』(佐川和茂+佐川愛子訳、三交社、一九九六)
(23) 栗原優『ナチズムとユダヤ人絶滅政策』(ミネルヴァ書房、一九九七)
(24) ヘス、ルドルフ『アウシュヴィッツ収容所』(片岡啓治訳、講談社、一九九九)
(25) ドワーク、デボラ『星をつけた子供たち』(芝健介監、創元社、一九九九)
(26) カツェネルソン、イツハク『滅ぼされたユダヤの民の歌』(飛鳥井雅友+細見和之訳、みすず書房、一九九九)
(27) シュロッス、エヴァ『エヴァの時代――アウシュヴィッツを生きた少女』[新装版](吉田寿美訳、新宿書房、二〇〇〇)
(28) シェーンベルナー、ゲルハルト編『証言「第三帝国」のユダヤ人迫害』(栗山次郎他訳、柏書房、二〇〇一)
(29) フランクル、ヴィクトール・E『夜と霧』[新版](霜山徳爾訳、みすず書房、二〇〇二)
(30) フランク、アンネ『アンネの日記』[増補新訂版](文春文庫、二〇〇三)

9――ナチスの戦争犯罪について

(1) ヴァイツゼッカー、リヒャルト・フォン『荒れ野の四〇年』(永井清彦訳、岩波ブックレット、一九八六)
(2) 望田幸男『ナチス追求』(講談社現代新書、一九九〇)

（3）永井清彦『ヴァイツゼッカー演説の精神——過去を心に刻む——』（岩波書店、一九九一）
（4）野村二郎『ナチス裁判』（講談社現代新書、一九九三）

10——反ユダヤ主義

（1）サルトル、ジャン・ポール『ユダヤ人』（安堂信也訳、岩波新書、一九五六）
（2）ワース、L『ユダヤ人問題の原型・ゲットー』（今野敏彦訳、明石書店、一九九四）
（3）ヴィノック、M『ナショナリズム・反ユダヤ主義・ファシズム』（川上勉＋中谷猛訳、藤原書店、一九九五）
（4）ブラウン、ミカエル『教会が犯したユダヤ人迫害の真実』（横山隆訳、マルコーシュ・パブリケーション、一九九七）
（5）ギルマン、サンダー・L『ユダヤ人の身体』（管啓次郎訳、青土社、一九九七）
（6）ヒルバーグ、ラウル『ヨーロッパ・ユダヤ人の絶滅』（全2巻）（望田幸男＋原田一美訳、柏書房、一九九七）
（7）ダビドビッチ、ルーシー・S『ユダヤ人はなぜ殺されたか』（大谷堅志郎訳、明石書店、一九九九）
（8）プレガー、デニス＋テルシュキン、ジョーゼフ『ユダヤ人はなぜ迫害されたか』（松宮克昌訳、ミルトス、一九九九）
（9）広瀬佳司＋君塚淳一＋佐川和茂編『ホロコーストとユダヤ系文学』（大阪教育図書、二〇〇〇）
（10）佐藤唯行『アメリカのユダヤ人迫害史』（集英社、二〇〇〇）

（11）（前掲）クロッサン、ジョン・ドミニク『誰がイエスを殺したのか』（松田和也訳、青土社、二〇〇一）
（12）河野徹『英米文学のなかのユダヤ人』（みすず書房、二〇〇一）
（13）ベンダースキー、ジョーゼフ・W『ユダヤ人の脅威』（佐野誠＋樋上千壽訳、風行社、二〇〇三）
（14）保坂高殿『ローマ帝政初期のユダヤ・キリスト教迫害』（教文館、二〇〇三）
（15）ルターの著作（たとえば『ユダヤ人と彼らの嘘』歴史修正研究所監訳　雷韻出版、二〇〇三）

11——ユダヤ人国家建設について

（1）トーマス・モア『ユートピア』（平井正穂訳、岩波新書、一九五七）
ただし、（4）のヘルツルは『ユートピア』と比較されるのを迷惑がっている。
（2）ベングリオン、ダビッド『ユダヤ人はなぜ国を創ったか』（中谷和男＋中尾光昭訳、サイマル、一九七三）
（3）立山良司『イスラエルとパレスチナ』（中公新書、一九八九）
（4）ヘルツル、T『ユダヤ人国家』（佐藤康彦訳、法政大学出版局、一九九一）
（5）ロジェ、L・J／オーベール、R他『キリスト教史』第十一巻、上智大学中世思想研究所監・編訳、平凡社ライブラリー、一九九六～九七）
（6）立山良司『揺れるユダヤ人国家』（文藝春秋、二〇〇〇）

12——欧米におけるユダヤ文学

(1)ヴィーゼル、エリ『死者の歌』(村上光彦訳、晶文社、一九七〇)
(2)ヴィーゼル、エリ『幸運の町』(村上光彦訳、みすず書房、一九七三)
(3)ヴィーゼル、エリ『エルサレムの乞食』(岡谷公二訳、新潮社、一九七四)
(4)小山田義文『アメリカユダヤ系作家』(評論社、一九七六)
(5)ヴィーゼル、エリ『沈黙のユダヤ人』(村上光彦訳、白水社、一九七八)
(6)グトマン、アレン『アメリカのユダヤ系作家たち』(佐々木肇訳、研究社、一九七九)
(7)佐伯彰一『アメリカ文学史』(筑摩書房、一九八〇)
(8)岩山太次郎編『アメリカ文学を学ぶ人のために』(世界思想社、一九八七)
(9)シンガー、I・B『よろこびの日』(工藤幸雄訳、岩波書店、一九九〇)
(10)シンガー、I・B『お話を運んだ馬』(工藤幸雄訳、岩波少年文庫、二〇〇〇)
(11)シンガー、I・B『やぎと少年』(工藤幸雄訳、岩波書店、二〇〇三)

13——世界各地のユダヤ人

(1)土井敏邦『アメリカのユダヤ人』(岩波新書、一九九一)
(2)佐藤唯行『英国ユダヤ人』(講談社、一九九五)
(3)ケドゥリー、エリー編『スペインのユダヤ人』(関哲行+立石博高他訳、平凡社、一九九五)
(4)野村真理『ウィーンのユダヤ人』(御茶の水書房、一九九九)
(5)ヴィーゼル、エリ『しかし海は満ちることなく』上・下(村上光彦+平野新介訳、朝日新聞

社、一九九九）
（6）ハウマン、ハイコ『東方ユダヤ人の歴史』（平田達治＋荒島浩雅訳、鳥影社、一九九九）
（7）シルバーマン、チャールズ・E『アメリカのユダヤ人』（武田尚子訳、明石書店、二〇〇一）
（8）ギテルマン、ツヴィ『ロシア・ソヴィエトのユダヤ人一〇〇年の歴史』（池田智訳、明石書店、二〇〇二）
（10）黒川知文『ロシア社会とユダヤ人』［第二版］（ヨルダン社、二〇〇三）
（11）関哲行『スペインのユダヤ人』（山川出版社、二〇〇三）
（12）アニコー、プレプク『ロシア、中・東欧ユダヤ民族史』（寺尾信昭訳、彩流社、二〇〇四）
（13）近藤仁之『スペイン・ユダヤ民族史』（刀水書房、二〇〇四）

14——ユダヤ史全般

（1）石田友雄『ユダヤ教史』（山川出版社、一九八〇）
（2）山本七平『一つの教訓・ユダヤの興亡』（講談社、一九八七）
（3）シュラキ、A『ユダヤ教の歴史』（増田治子訳、白水社、一九九三）
（4）ディモント、マックス・I『ユダヤ人の歴史』（平野和子＋河合一充訳、ミルトス、一九九四）
（5）ジョンソン、ポール『ユダヤ人の歴史』上・下（石田友雄監、徳間書店、一九九九）
（6）ギルバート、マーティン『ユダヤ人の歴史地図』（池田智訳、明石書店、二〇〇〇）
（7）シェインドリン、レイモンド・P『物語ユダヤ人の歴史』（高木圭訳、中央公論新社、二〇〇三）

（8）ザハル、アブラハム・レオン『ユダヤ人の歴史』（滝川義人訳、明石書店、二〇〇三）

15――ユダヤ教・ユダヤ思想全般

（1）滝川義人『ユダヤを知る事典』（東京堂出版、一九九四）
（2）ウェーバー、マックス『古代ユダヤ教』上・中・下（内田芳明訳、岩波書店、一九九六）
（3）フロム、エーリッヒ『ユダヤ教の人間観』（飯坂良明訳、河出書房新社、一九九六）
（4）マルカ、V編『ユダヤの言葉』（池内紀訳、紀伊國屋書店、一九九六）
（5）吉見崇一『ユダヤ教小辞典』（リトン、一九九七）
（6）荒井章三『ユダヤ教の誕生―「一神教」成立の謎』（講談社、一九九七）
（7）岩波講座「東洋思想2」『ユダヤ思想2』（井筒俊彦＋ダン、J・ヨセフ＋平石善司、岩波書店、一九八八）
（8）並木浩一『ヘブライズムの人間感覚』（新教出版社、一九九七）
（9）臼杵陽『見えざるユダヤ人』（平凡社、一九九八）
（10）小滝透『ユダヤ教』（河出書房新社、一九九八）
（11）アロン、ロベール＋ネエール、A他『ユダヤ教』（内田樹訳、ヨルダン社、一九九八）
（12）沼野充義『ユダヤ学のすべて』（新書館、一九九九）
（13）ストップルマン、モニカ『ユダヤ教』（岡田好惠訳、岩崎書店、一九九九）
（14）小岸昭『十字架とダビデの星』（NHK出版協会、一九九九）
（15）ケイヒル、トマス『ユダヤ人の贈り物』（関口篤訳、青土社、一九九九）

(16) クリュゼマン、フランク他『キリスト教とユダヤ教』(大住雄一、教文館、二〇〇〇)
(17) グッドマン、ユリウス『ユダヤ哲学』(合田正人訳、みすず書房、二〇〇〇)
(18) デ・ラーンジュ、ニコラス『ユダヤ教入門』(柄谷凜訳、岩波書店、二〇〇二)
(19) ソロモン、ノーマン『ユダヤ教』(山我哲雄訳・解説、岩波書店、二〇〇三)
(20) デ・ラーンジュ、ニコラス『ユダヤ教とはなにか』(柄谷凜訳、青土社、二〇〇四)
(21) 市川裕『ユダヤ教の精神構造』(東京大学出版会、二〇〇四)

16——美術

(1) 荒垣さやこ『アガム——ユダヤ的芸術のかたち』(リトン、一九九三)
(2)『西洋美術研究』4［特集：美術史とユダヤ］(三元社、二〇〇〇)

冒頭でお断りしたように、右のリストはユダヤ教を理解するのに手助けになると思われる、日本語で読める書物をピックアップしたものにすぎないが、このリストを一瞥して感じるのは、ユダヤ教関係の書物の紹介や出版が、ユダヤ教とは無縁であると思われる日本で確実に増えていることである。それにはいくつかの理由が考えられるであろうが、そのひとつは、わたしたち日本人の目をユダヤ人やユダヤ教の世界に向かって開かせるようなさまざまな出来事が、日常的に、さまざまな情報チャンネルを介してわたしたちの耳や目に飛び込んでくるからであろう。わたしたちは情報に翻弄されて右往左往するようなことがあってはならないが、そうならないためにも、ユダヤ人の歴史やユダヤ教についての基本的な知識を、右にあげたリストの中の書物から獲得したいものである。

わたしは、ユダヤ教の解説書としては、本書と同じ出版社となるが、15の（20）に挙げたデ・ラーンジュ著『ユダヤ教とはなにか』を「お勧めの一品」としたい。本書の著者デ・ラーンジュはイギリスのケンブリッジ大学の神学部の教授で、「ユダヤ的本質と現在」を一般読者にも分かるような仕方で見事に論じているからである。

最後に、本書の出版にさいしては、旧版と同じく、青土社の水木康文氏に大変世話になった。記して感謝の意を表したい。

二〇〇四年八月

ダブリンに旅立つ前の日に

秦　剛平

索 引

ア行

アインシュタイン，アルバート　189, 191-2
アシュケナージ系のユダヤ教（人）　25, 88-9, 137-8, 141, 163
アッガダー　115
アブラハム　17, 23, 34, 36, 42, 65, 106, 110, 113, 117-9, 132, 158-9, 161, 166
アメリカン・ジューイッシュ・コミティー　210
アメリカン・ジューイッシュ・コングレス　210
アモス　66, 125
アラブ　23, 92, 209
アラムびと（アラム語）　33, 47-8, 56
アルファベット（ヘブル語）　38
アロン　42
アンタイ・デファメーション・リーグ　210
アンチ・セミティズム　97-8, 144, 206
アンティオコス（エピファネース）　77
イェシヴァ　83-4, 146, 189
——大学　146, 190
イエス　47
イサク　34, 118-9
イザヤ　18, 66, 106
イスラーム　12, 63, 81, 83-4, 86, 89, 91, 93-5, 106, 180, 183
イスラエル　15-6, 18-9, 31, 42, 48-67, 106, 170
——国家　16, 20, 26, 102-4, 207-10
——北王国　13, 15, 23, 57-9, 107, 202
——の部族（ヤコブ）　40
——南王国　15, 23, 57-8, 107, 202-3
イセルレス，モーシェ　137
イディッシュ語　95, 138, 148
イラク　184
イラン　86, 101
ヴァイス，アイザック　140
ヴィーゼル，エリ　97, 196, 206
ウジヤ　58
ウル　34
エサウ　42
エジプト　23-4, 30-1, 34, 36-47, 49, 52, 59, 72, 85, 112-6

——の資料　34, 40
エズラ　75
エッセネ派　78
エブスびと　54
選ばれた民（者）　18, 43-4, 66
エル　35
エルサレム　23, 32, 54-6, 62, 63, 67-8, 73, 138
エレミヤ　18, 66, 106, 123
王　46
イスラエルの——　50-6, 58
ユダの——　56-65
王国　49-67, 73, 123
オムリ　57-8

カ行

戒律（ミツヴォート）　137, 158, 162, 178
十戒　18, 43-4, 120
ガオーン　83
割礼（ベリッツ・ミラー）　158-63
カディッシ　175
カナン　13, 17, 23, 31, 33-6, 40-1, 47-9, 52, 54, 61-2, 72
カバラー　88
カプラン，モルデカイ・M　122, 154
神　16-8, 35, 37, 39-44, 46-7, 50-5, 59-62, 64-9, 81, 107, 109-10, 112-4, 159, 161, 163, 166, 168, 170-1, 173, 180-1 →エル／ヤハウェをみよ
カライ派　85-6, 112
カルデア　34
北アフリカ　83-4, 86
ギデオン　48
キブツ　103
キリスト教（徒）　12, 79-80, 89-93, 106, 119-20, 143, 180, 183-4
クレスカス，ハスダイ　88
啓蒙主義　94-7, 140, 203
契約　16-9, 34, 64, 158-9, 161
アブラハムの——　17, 54, 65
ダビデの——　52-5, 57, 61, 65, 67
モーセの——　18, 43-4, 65, 112-3, 132
契約の箱　44
結婚　166-75
ケトゥビーム→諸書をみよ
堅信礼　165
紅海　55, 114
口伝の伝承　81, 112
荒野の体験（時代）　39-41, 51, 72
コーラン　183
コシェー　22, 133, 142, 149-50
五書　111-2, 118

サ行

祭司　18
サウロ　50-2, 55, 185
サドカイ派　78
サムエル　18, 50, 51, 55, 64, 123
サムソン　48, 185
サンヘドリン　78
シヴァー　177
シェヴァ・ベラホート（結婚の祝福）　170
シェロシーム　177-8
シオニズム運動　102, 142, 144, 192, 207

死海文書　78
士師　47-9
死と服喪　175-8
シナイ山　18, 37, 44, 46, 54, 81, 132
シナゴーグ　19, 69, 87, 134, 147, 152, 159, 160, 163, 184
シムハット・トーラー　21
シャヴオート（七週の祭）　20, 46, 165, 178
シャバット（安息日）　19, 22, 69, 77, 149, 159, 202
祝祭日　19
出エジプト（エジプト脱出）　36-47, 63
諸書（ケトゥビーム）　111, 127-9
神殿　55, 139, 184, 203
　第一――　55, 174
　第二――　23, 80, 174, 203
審判の日　66, 183
過越の祭　19, 46, 54, 108, 114-5, 178
スコット（仮庵祭／天幕祭）　21, 178
スピノザ, バルーフ　91, 187
スファラディ系のユダヤ教（人）　25, 86, 88, 92, 101, 135-7, 163
聖書　30, 33-4, 41, 47, 55, 61-2, 105-29, 183
　アモス書　126
　イザヤ書　65
　エステル記　127
　エズラ‐ネヘミヤ記　127
　エゼキエル書　68-9
　旧約聖書　30, 106
　サムエル記　49, 54
　士師記　49
　出エジプト記　16, 36, 39, 112, 114, 117, 120-1
　詩篇　129
　箴言　127
　申命記　31, 111-2
　新約聖書　30, 183
　創世記　17, 31, 34, 110-2, 119, 158, 166
　第二イザヤ書　68
　ダニエル書　127
　伝道の書　127
　ヘブル語聖書　82, 105-29, 183
　ホセア書　116
　民数記　112
　ヨシュア記　41
　ヨブ記　127
　列王記　49, 57, 60
　レビ記　111, 112, 121
聖地　30
正統派ユダヤ人会衆組合　146
正統派ラビ組合　146
征服（時代）　40
ゼーロータイ　80
ゼカリヤ　73
ゼファニア　66
セム語族　33
ソロモン　55-7, 64, 184

タ行

第一次世界大戦　94-104, 146
太祖　34-6, 41
第二次世界大戦　101, 151, 190
タナク　111-2
ダビデ　50-5, 57, 67, 185

タルムード　82-5, 88, 92, 127, 133, 143, 149, 151-3, 163-4, 189
中近東　12, 31, 34, 44, 47, 57, 84, 86, 90, 135, 190
「ツィドゥーク・ハ・ディン」　175
ディアスポラ　23-7, 54, 75, 80, 139, 184, 190, 203
ティシャ・ベアブ　20
テヒリム（讃歌）　128
天幕　44
ドイツ　88, 93, 94-5, 97-100, 137-8, 140, 184
トゥ・ベシェヴァット　21
トーラー　18, 21, 82, 85-6, 88, 107, 111, 112-24, 133-7, 141-3, 149, 155, 161, 202-3→五書／「法」をみよ

ナ行

ナタン　55, 64
ナチ　97-9
西の壁（エルサレム）　108
ネビイーム　111, 123-6→預言者をみよ
ネブカドネザル　62, 68
ネヘミヤ　75
ノア　31
残れる者　65, 67

ハ行

バアル　49, 60-1
バール（バット）・ミツヴァ　155, 158, 160, 163-6, 205
ハシディーム　88-9, 151
ハヌカー　21, 77
ハビル（ハピル）　13, 117
バビロン　23, 62, 68, 75, 80, 203
パリサイ派　78
バル・コホバ　80
東ヨーロッパ　102
ヒッタイト　47
ヒトラー　97
ヒブリュー・ユニオン・カレッジ　140
ヒレル・ファウンデーションズ　210
服喪→死と服喪をみよ
フッパー（天蓋）　169
フランク，アンネ　97, 205
プリム祭（くじの祭）　19, 20
フロイト，ジグムント　189
ベデケン　168
ヘブル語聖書→聖書をみよ
ヘブルびと　13, 18, 23, 31, 33, 34-7, 39-41, 45, 47, 110, 112-6, 118, 132
ペリシテ（人）　48, 51, 56
ベリッツ・ハハイーム　161
「法」　19, 22, 27, 39, 46, 53, 61, 66, 69, 72, 75, 77, 79, 81-2, 84, 112-23, 126, 132, 181, 203
　食事規定　22→コシェーをみよ
　道徳的・倫理的教え　18, 66, 181
捕囚　16, 57, 64, 66-8, 73, 75, 80, 107, 116, 123
ホセア　66, 116, 166
ホロコースト　97, 102, 138, 204, 205-6 →ヨム・ハショアーをみよ

マ行

マイモニデス，モーゼス　85-6, 135-6,

187-8
マッカバイ軍（一族） 77
マナセ 58, 61
ミシュナー 82, 84, 133
ミシュネー・トーラー 85
ミドラシ 82
ムハンマド（モハメッド） 47
メシア 19, 67, 81, 136, 139, 183
メンデルスゾーン，モーゼス 188
モーセ 18, 23, 37, 42-4, 47, 51, 65, 79, 106, 113-4, 116, 118, 120-1, 123, 132, 135, 149, 185

ヤ行

ヤーマルカ 143
約束の地 66, 113, 132
ヤコブ 33, 40, 41, 42, 65, 109
ヤハウェ 13, 16, 18, 35, 41, 44, 46-7, 48, 50, 52-5, 57, 61, 64-8, 77, 135-6, 149, 158
　王としての—— 46, 53-4
　——主義 64
唯一神宗教 12
ユーダエア 15, 77, 79-80
ユダ 15, 24, 40, 56-7, 58, 59-62, 64-5
ユダヤ教 12-3, 15-23, 26-7
　改革派—— 96, 138-45, 154, 203
　基本的な信条（信仰箇条） 16-23, 132-3, 180-1
　再建派—— 154-5, 203
　正統派—— 96, 145-50, 203
　現代の—— 201-12
　保守派—— 152-4, 203
　→アシュケナージ系のユダヤ教／スファラディ系のユダヤ教をみよ
ユダヤ人 12-3, 15-9, 22-4, 26-7, 180
ユダヤ人神学校 146, 154
ユダヤ暦 20-1
預言者 55, 64-5, 66-7
ヨシュア 42, 123
ヨセフ 34, 109-10
ヨム・キプール 19, 134
　——戦争 209
ヨム・ハショアー 20→ホロコーストをみよ
ヨム・ハアツマウート 20

ラ行

ラビ 19, 72, 79-90, 168
　——のユダヤ教 81, 83-90, 133-7, 189
ラビ・イッハク・エルハナン神学校 146
レハベアム 58, 61
レビひと 40, 44-6
朗誦者（カントル） 19, 87
労働（安息日の） 22
ロッシ・ハシャナー（新年） 19, 21, 145

ワ行

ワールド・ジューイッシュ・コングレス 210
「われらの時代に」（教皇回勅） 206

用語解説（アイウエオ順）

アシュケナージ系ユダヤ人　Ashkenazim――ドイツや，フランス，イギリス，そして後にはポーランドや，ロシア，中央ヨーロッパの国々に住んでいたユダヤ人。彼らは独自の宗教的慣習を生み出し，イディッシュ語を話した。

アンチ・セミティズム（反セム主義／反ユダヤ主義）　Anti-Semitism――宗教的あるいは民族的グループとしてのユダヤ人にたいする悪感情。この用語は19世紀につくられた。

イェシヴァ　Yeshiva――本来は法規を学ぶための学院を指したが，現在ではユダヤ教の宗教教育を行う学校を指して用いられる。

イディッシュ語　Yiddish――アシュケナージ系のユダヤ人が使用した言語。ドイツ語にヘブライ語や東ヨーロッパの諸言語が混在している。

解放　Emancipation――啓蒙主義時代に，ユダヤ人に課せられていた諸種の制約が取り除かれたが，その状態を指して使用される言葉。ユダヤ人の生活は啓蒙主義時代の新しい文化に合わせることが要求された。

カディッシ　Kaddish――神の支配を認め，人間の最終的な運命を神の御手にゆだねる祈り。神への信頼をあらわすために，礼拝や葬儀で使われ，会衆は唱和する。

カバラー　Cabala（Cabbala／Kabalah）――ユダヤ教の中で生まれた神秘主義的傾向をもつ思想やその著作。

キブツ　Kibbutz――現代イスラエルにつくられた集団農場。

コシェー　Kosher――「適正な」の意。ユダヤ教の戒律にかなった適正食品を指す。

シオニズム　Zionizm――パレスチナにユダヤ人国家を再建する運動。

シナゴーグ　Synagogue――祈りや，勉強，集会のためのユダヤ人教徒の集会所。キリスト教徒の教会に相当。

シャバット　Sabbath――週の７日目で，安息と礼拝の日。

出エジプト　Exodus——ヘブルびとはエジプトのファラオのもとで隷属状態におかれたが，前1220年頃にそのエジプトから脱出した。出エジプトという用語はこの事態を指して用いられるが，それはモーセ五書の一書の書名でもある。

過越の祭　Passover——死の天使がヘブルびとの家を過越した出エジプトの出来事を記念する春の祭。

セプチュアギンタ（七十人訳聖書）　Septuagint——ヘブル語聖書のギリシア語訳の名称。モーセ五書の翻訳は前３世紀のアレクサンドリアでなされたが，その他の諸書の翻訳はそれ以後の時代になされた。ギリシア語訳聖書の総体を指して「セプチュアギンタ」と呼ばれることもある。

タルムード　Talmud——口伝で伝えられたユダヤ教の法規を集大成した資料集。『バビロニア・タルムード』（６世紀）と『パレスチナ・タルムード』（５世紀）がある。

ディアスポラ　Diaspora——イスラエルの土地から離れて異教徒の土地に住むユダヤ人またはその共同体を指す。

トーラー　Torah——「法」または「教え」。ユダヤ人は「モーセの法」＝「律法」を神によって啓示されたものと考える。

バール・ミツヴァ　Bar Mitzvah——字義どおりには「戒律の息子」。13歳に達した男子の成長を祝う行事で，男子は，幼少時からユダヤ人共同体の責任ある一員になる。

ハシディーム　Hasidism——ユダヤ教史における神秘主義運動，とくにポーランドのラビのイスラエル・バール・シェム・トーヴ（1699-1761年）のはじめた運動を指す。

バット・ミツヴァ　Bat Mitzvah——字義どおりには「戒律の娘」。12歳に達した女子の成長を祝う行事。この儀式は正統派に属さないユダヤ人たちによって取り入れられた。

ハヌカーの祭　Hanukkah（Chanukah）——前２世紀，エルサレムの神殿はシリアの王アンティオコス４世の軍隊によって汚され，後になってマッカバイ一族の者やその同士たちによって聖所が清められ再奉献された。ハヌカー（「再奉献」の意）はそれを記念した祭で，現在でも

祝われている。

ヒレル・ファウンデーションズ Hillel Foundations——アメリカの大学に設けられたユダヤ人の学生のための組織。ヒレルは古代のユダヤ教史にその名をとどめたラビの名。

プリム Purim——ユダヤ人絶滅の危機に際し，エステルの働きでユダヤ民族が救われたことを記念する祭。

捕囚 Exile——第一神殿が破壊されたとき，多数のユダヤ人がバビロンに連れられて行ってそこで暮らしたが（前586—538年），その事態を指す。

ホロコースト Holocaust——聖書（旧約）では神殿でささげられた丸ごと焼かれる動物の犠牲を指して使われたが，この語は第二次世界大戦でのナチによるユダヤ人の大量虐殺を指して使用されるようになった。

マッカバイ一族 Maccabees——前２世紀にシリアのセレウコス王朝の支配に反対して独立運動を率いたパレスチナのユダヤ人一族。

ミシュナー Mishnah——口伝で伝えられた「法」の類で，２世紀にまとめられて『ミシュナー』となった。

ミツヴァ Mitzvah——「戒律」の意。神の諸命令と，それを実行することによる神の召使への応答を示すために使われる。

ミドラシ Midrash——原意は「意味を尋ねもとめる」で，聖書の註解を指す。

メシア Messiah——「油塗られた者」の意。ユダヤ教徒が将来現れると信じる救済者。

メノラー Menorah——神殿の祭壇に置かれた「七枝の燭台」。ガリラヤのカペルナウムのシナゴーグ跡から掘り起こされた石にこのメノラーや，ダビデの星が刻まれている。

ヤハウェ Yahweh——神をあらわすヘブル語であるが，神の本当の名は誰も知らない。

ヨム・キプール Yom Kippur——贖罪日。ユダヤ暦の中でもっとも厳粛な聖日。人びとは断食し，祈る。

ラビ Rabbi——「師」とか「教師」を意味する。現在この言葉はシナゴ

ーグの精神的指導者でそれを運営する者を指して用いられる。

ロッシ・ハシャナー　Rosh Hashanah——ユダヤ暦の新年で，10日間の断食と悔い改めではじまる。

ユダヤ教 改訂新版
〈シリーズ世界の宗教〉

2004年10月15日　第1刷発行
2016年3月15日　第2刷発行

著者――マルサ・モリスン
　　　　スティーヴン・F・ブラウン
訳者――秦剛平
発行者――清水一人
発行所――青土社
東京都千代田区神田神保町1－29市瀬ビル〒101-0051
［電話］03-3291-9831（編集）　03-3294-7829（営業）
［振替］00190-7-192955
印刷所――ディグ（本文）
　　　　方英社（カバー・表紙・扉）
製本所――小泉製本

装幀――岡孝治

ISBN978-4-7917-6090-9　Printed in Japan

シリーズ世界の宗教

ユダヤ教　M. モリスン＋S. F. ブラウン／秦剛平訳

イスラム教　M. S. ゴードン／奥西峻介訳

ヒンドゥー教　M. B. ワング／山口泰司訳

儒教　T. & D. フーブラー／鈴木博訳

キリスト教　S. F. ブラウン／秦剛平訳

道教　P. R. ハーツ／鈴木博訳

シク教　N-G. コウル・シング／高橋堯英訳

仏教　M. B. ワング／宮島磨訳

カトリック　S. F. ブラウン＋Kh. アナトリオス／森夏樹訳

プロテスタント　S. F. ブラウン／五郎丸仁美訳

バハイ教　P. R. ハーツ著／奥西峻介訳

アメリカ先住民の宗教　P. R. ハーツ著／西本あづさ訳

アフリカの宗教　A. M. ルギラ著／嶋田義仁訳

神道　P. R. ハーツ著／山内春光訳

青土社